Pois o Senhor é quem dá a sabedoria e de sua boca vem o conhecimento e o entendimento.

Provérbios 2.6

Guia de Aprovação na OAB

Rodrigo Bello | Allan Magalhães | Gabriel Habib

Guia de Aprovação na OAB

Niterói, RJ
2012

 © 2012, Editora Impetus Ltda.

Editora Impetus Ltda.
Rua Alexandre Moura, 51 – Gragoatá – Niterói – RJ
CEP: 24210-200 – Telefax: (21) 2621-7007

PROJETO GRÁFICO: SBNIGRI ARTES E TEXTOS LTDA.
EDITORAÇÃO ELETRÔNICA: EDITORA IMPETUS LTDA.
CAPA: EDITORA IMPETUS LTDA.
REVISÃO DE PORTUGUÊS: IRÊNIO CHAVES
IMPRESSÃO E ENCADERNAÇÃO: EDITORA E GRÁFICA VOZES LTDA.

B386g
    Bello, Rodrigo
        Guia de aprovação na OAB / Rodrigo Bello, Gabriel Habib, Allan Magalhães. – Niterói, RJ: Impetus, 2012.

        116 p.; 14 x 21 cm.

        ISBN: 978-85-7626-593-1

        1. Ordem dos Advogados do Brasil – Exames. 2. Direito - Brasil – Problemas, questões, exercícios. I. Habib, Gabriel. II. Magalhães, Allan. III. Título.

                                                CDD – 340.06081

TODOS OS DIREITOS RESERVADOS – É proibida a reprodução, salvo pequenos trechos, mencionando-se a fonte. A violação dos direitos autorais (Lei nº 9.610/1998) é crime (art. 184 do Código Penal). Depósito legal na Biblioteca Nacional, conforme Decreto nº 1.825, de 20/12/1907.

O autor é seu professor; respeite-o: não faça cópia ilegal.

A **Editora Impetus** informa que quaisquer vícios do produto concernentes aos conceitos doutrinários, às concepções ideológicas, às referências, à originalidade e à atualização da obra são de total responsabilidade do autor/atualizador.

www.impetus.com.br

Os Autores

Rodrigo Bello
- Advogado Criminalista e Palestrante.
- Professor de Processo Penal e Leis Especiais em cursos preparatórios e pós-graduação nos Cursos Jurídico – Paraná, Fórum – Rio de Janeiro, Lexus – Rio de Janeiro, Ênfase Praetorium – Rio de Janeiro, Cejusf – Volta Redonda/RJ, Cejus – Bahia, Lumem – Recife, Supremo Concursos – Belo Horizonte e das redes Ejufe e Interasat, além do curso *on-line* FórumTV.
- Colaborador do Instituto Millenium.
- Pós-Graduado *lato sensu* pela UGF em Direito Penal e Processo Penal.
- Autor do livro *Prática Profissional de Direito Penal* pela Editora Jus Podivm.

Contato: www.BelloOAB.blogspot.com

Allan A. N. Magalhães
- Cofundador do ITC (Instituto Turbinando o Cérebro).
- Advogado.
- Pós-graduado em Direito Ambiental pela Universidade Estadual do Rio de Janeiro (UERJ).

Gabriel Habib
- Defensor Público Federal no Rio de Janeiro.
- Cofundador do ITC – Instituto Turbinando o Cérebro.
- Mestrando em Ciências Jurídico-Criminais pela Faculdade de Direito da Universidade de Lisboa, Portugal.
- Pós-graduado em Direito Penal Econômico pelo Instituto de Direito Penal Econômico e Europeu da Universidade de Coimbra, Portugal.
- Professor e Coordenador do Curso Forum/RJ.
- Professor da Emerj – Escola da Magistratura do Rio de Janeiro.
- Professor da Esmafe – Escola da Magistratura Federal do Paraná/PR.
- Professor de Fesudeperj – Fundação Escola da Defensoria Pública do Rio de Janeiro.
- Professor do Curso Supremo/MG.
- Professor do Curso Cejus – Centro de Estudos Jurídicos de Salvador/BA.
- Professor do Curso Ideia/RJ. Professor do Curso Jurídico/PR.
- Autor do livro *Leis Penais Especiais para Concursos*, Tomos I e II, Editora Jus Podivm.

Apresentação da Obra

Caros alunos,

Sejam bem vindos a uma nova forma de preparação para o Exame de Ordem.

Preocupados em melhorar o desempenho de todos os candidatos na prova da OAB, esta obra nasce com o intuito de, definitivamente, mudarmos e melhorarmos a postura do candidato, não só diante da prova, como também na preparação para a sua realização.

A presente obra nasceu em razão dos altos índices de reprovação no Exame de Ordem, a fim de que esse quadro seja revertido e esse índice diminua cada vez mais.

Percebemos que a preparação da grande maioria dos candidatos não está correta e, partindo desse reconhecimento, buscaremos melhorar a forma de estudo.

Com base no convívio quase que diário com vários alunos pelo Brasil, identificamos as suas fragilidades e sistematizamos uma verdadeira e nova técnica de estudo para o Exame de Ordem.

Uma das principais deficiências dos alunos é a falta de planejamento e organização dos estudos.

A presente obra é dividida em cinco partes, quais sejam: Parte I – Conheça a nova Prova da OAB; Parte II – Como planejar o estudo em 6 semanas; Parte III – O que fazer no dia da prova; Parte IV – Como ganhar mais tempo para estudar; Parte V – Como obter: relaxamento, atenção e concentração.

Confiantes que iremos mudar essa realidade, vamos trabalhar. Nada de fórmulas mágicas. O livro requer entrega, dedicação, pois somente agindo diferente podemos mudar.

Nós acreditamos em vocês e não iremos desistir de suas aprovações!

Rodrigo Bello, Allan Magalhães e Gabriel Habib.

Prefácio

Desde muito jovem, venho colecionando técnicas, dicas, macetes e depoimentos que auxiliaram a mim e a muitos outros no caminho do concurso público. Não foi sem persistência que logrei as aprovações, e não sem antes amargar algumas dolorosas reprovações. Por isso, me interessei em ensinar métodos de estudo e realização de prova, matéria à qual acabei dando início e que, entre outras alegrias, me permitiu receber o convite para fazer o presente prefácio. Outra alegria foi conhecer os autores, que já tive o prazer de assistir ministrando não só aulas das suas respectivas matérias, mas também sobre o tema da presente obra. Excelentes aulas, por sinal.

O Exame da OAB é um dos maiores desafios do acadêmico e do recém-formado, e uma obra que oriente para o sucesso nessa fase era algo que, certamente, faltava no mercado editorial. Uma obra que falasse especificamente aos estudantes de Direito e aos novos bacharéis, ansiosos pela aprovação que lhes garanta não só a carteira da OAB, mas também autoestima e portas abertas para as inúmeras e extraordinárias oportunidades da carreira jurídica.

Minha história com o Direito é longa, já advoguei, fiz concursos, dei aula, fui Defensor, Delegado, militante de ONG, escritor, palestrante, fiz júris, até chegar à Magistratura. Nunca escondi meu amor por esse campo com o qual me considero (muito bem) casado e que me concede, diariamente, tantas alegrias. Trata-se da melhor de todas as carreiras, afinal, oferece um sem-fim de possibilidades, portas abertas, oportunidades de crescimento e de reconhecimento difíceis de encontrar na maioria das carreiras. Ser advogado causa impressão favorável e guarda grande prestígio social. Ao lado disso, necessário mencionar a remuneração, algo que faz parte da vida e que não pode ser deixado de lado: a carreira permite excelentes ganhos e também qualidade de vida. A advocacia também é carreira indispensável à Justiça e espaço onde o profissional está sempre trabalhando e interagindo com o próximo, podendo conhecer e desvendar um pouco mais sobre a vida das pessoas, das empresas e da sociedade.

É, pois, com esse espírito, que prefacio a obra *Guia de Aprovação OAB*. Desenvolvida para auxiliar os estudantes dessa magnífica ciência a adquirir sua licença profissional, tutorando desde os seus primeiros passos na preparação até o dia após a segunda fase do certame, ou seja, o primeiro dia do restante de sua jornada profissional.

Os autores, por sua experiência na preparação para o Exame, captaram a essência do estudante que se vê diante desse importante marco em sua carreira, o primeiro de muitos, tenha ele optado pelos concursos ou pela prática dura, constante e totalmente recompensadora. Este material, que faltava na biblioteca do estudante, com uma abordagem inteligente, dinâmica e diretiva, sem dúvida é ideal para aqueles que, como eu, amam o Direito e estão destinados a grandes feitos.

Os autores, cuja amizade muito me honra, são professores acima da média, mais que isso, homens de boa formação e dotados de "coração de professor", sempre atentos e interessados no sucesso e bem-estar de quem a eles confia o aprendizado. Tais predicados são raros e indispensáveis para o melhor resultado possível.

Por isso, recomendo com entusiasmo a leitura da presente obra.

William Douglas
Juiz Federal e Professor Universitário.
Mestre em Direito pela Universidade Gama Filho/UGF.
Presidente e membro de Bancas Examinadoras.
Doutor *honoris causa* da Escola Superior de Advocacia – OAB/RJ.
Professor-conferencista da EMERJ e da EPGE/FGV.
Mais de 500.000 livros vendidos.
Já proferiu palestras para mais de 1.000.000 de pessoas.

Experiência em concursos:
1º colocado para Juiz de Direito no Rio de Janeiro;
1º colocado para Defensor Público/RJ;
1º colocado para Delegado de Polícia/RJ;
4º colocado para Professor de Direito na UFF;
5º colocado para Analista Judiciário/TRF da 2ª Região;
8º colocado para Juiz Federal,
1º colocado no CPOR/RJ,
e 1º colocado no Vestibular para Direito na UFF.

Sumário

Parte I – Conhecendo o Exame de Ordem 1

Parte II – Planejamento de Estudo em 6 semanas 37

Parte III – O dia da prova 43

Parte IV – Como ganhar mais tempo para estudar 49

Parte V – Como obter: relaxamento, atenção e concentração. ...77

Parte I
Conhecendo o Exame de Ordem

A) Introdução.

Neste capítulo introdutório, nosso principal objetivo é alertar todos aqueles que irão prestar o intrigante Exame de Ordem. Talvez alertar não seja a palavra ideal. Conscientizar pode ser mais adequado neste momento.

Inicialmente, em nossa opinião, a nossa conversa se inicia com uma mudança de terminologia. Explicamos. Tratar a prova da OAB como um simples Exame de Ordem não é adequado nos dias atuais. Nesse aspecto reside a conscientização, principalmente para aqueles que acabaram de se formar e que não tiveram durante a graduação um estudo adequado para se galgar uma aprovação sem maiores problemas no certame de aferição para se obter a tão esperada carteira vermelha de advogado.

Atualmente o Exame da OAB tem verdadeiro contorno de Concurso Público. Pergunto-lhes, para iniciarmos nossa conversa de reflexão sobre o exame: seria razoável a banca examinadora de um concurso público exigir, por parte do candidato, a aferição de conhecimentos doutrinários, jurisprudenciais e legislativos? Provavelmente sua resposta será afirmativa. É tendência natural de todos os concursos públicos no Brasil se cobrar essa gama de conhecimentos jurídicos por parte do candidato. É nesse aspecto que começamos a, literalmente, mudar nossa postura em relação ao "Exame" (entre aspas propositadamente) de Ordem.

Acreditem. Esse montante de informações também é exigido no Exame de Ordem. Assim, estamos diante de um verdadeiro Concurso de Ordem. Não se faz mais hoje uma simples aferição da graduação. Mas isso falaremos em seguida, já alertando que muita das vezes na faculdade o bacharel não se depara com questões abordadas no Exame.

Em primeiro lugar, portanto, devemos nos conformar que, o que se antigamente convencionou chamar de Exame de Ordem, hoje se transformou numa prova complicada, intrigante, com diversas questões que exigem do futuro advogado o conhecimento não só da lei, como também de aspectos doutrinários e jurisprudenciais.

Hoje estamos diante de um Concurso Público para se obter a carteira de advogado, verdade seja dita. Críticas à parte sobre essa questão são muitas, discussões calorosas são travadas, mas acreditamos que, diante dessa adversidade que nos colocaram, a melhor saída, inteligente é se preparar com qualidade, técnica e planejamento, real objetivo desta obra.

Partindo desse princípio, a luz da esperança se acende para a futura aprovação. Não menosprezar o Exame, reconhecer fragilidades em certos ramos da ciência jurídica e acreditar na aprovação são fundamentais neste início. Vale observar que não basta isso para obtermos uma aprovação. Ao longo desta obra iremos especificar maiores detalhes sobre esta questão, Todavia, encarar a prova como um concurso cria em todos nós um sentimento de que precisamos estudar, e muito, diga-se de passagem.

Ao longo de nossa experiência como professor em cursos preparatórios, às vezes nos deparamos com sintomas de reprovação, e um dos mais famosos deles é a prepotência. Aquele candidato que acredita ter feito uma excelente faculdade, estagia em escritório famoso ou até mesmo inicia sua experiência profissional em órgãos públicos gabaritados, ou ainda que possui entes familiares com renome jurídico simplesmente, por serem detentores de tais prerrogativas, se acham no direito de não estudar. Inocência, diríamos.

Encarar o Exame da OAB com humildade é uma postura madura, coerente, sensata e inteligente.

Permitam-me ousar em afirmações que conseguimos adquirir em sala de aula. Percebemos ao longo dos anos que a carga emocional que cerca um Exame de Ordem é algo que foge da previsibilidade de muitos. A sociedade não respeita. A família exige a aprovação. Do que serviu a faculdade sem a carteira da OAB? As pessoas que mais nos amam, que mais querem ver a nossa aprovação às vezes nos pressionam sem mesmo terem essa noção. Perguntas do tipo: "E aí, já passou?" ou "Quando será a prova?" soam para o candidato como uma cobrança interminável que ecoa em nossa tão almejada paz interior. O período de preparação para a prova da OAB, portanto, só quem viveu sabe como é.

Iniciamos essa conversa afirmando categoricamente que hoje o Exame se transformou num Concurso Público, correto? Façamos um ligeiro teste. Você, candidato, acabou de sair da faculdade e presta, sem muitas esperanças, o primeiro concurso público que parece do seu interesse. A recém-formatura lhe traz um sossego de que esse primeiro concurso será algo de experiência para você. A consciência é de que para a aprovação num concurso público se exige tempo, estudo e dedicação. Sendo assim, você comparece ao local de prova, tranquilo, sem compromisso, sem pressão e a faz. Imaginemos que neste primeiro concurso, logo depois do término da faculdade, você se sai bem, mas fica reprovado por algumas questões. Divulgue essa notícia. Como a sociedade responderá? Como seus familiares responderão? Com certeza, irão se orgulhar, incentivarão futuras provas, ficarão alegres, pois de certa forma você se encontra no "caminho certo".

Querem perceber a realidade do Exame de Ordem? Corrijam-me se eu estiver errado. Querem perceber a crueldade do "Concurso" de Ordem?

Mudemos o contexto.

Ao invés de um concurso público, o nosso personagem agora estará indo prestar seu Exame de Ordem. A pressão é a mesma? Negativamente, você provavelmente está me respondendo. A sociedade exige sua aprovação. A família quer ver o investimento de 5 (cinco) anos de faculdade consagrado com a aprovação. Do que serviu a faculdade sem a carteira de advogado? Estas e mais inúmeras perguntas tiram o sono de todo e qualquer candidato. Imaginemos que, nesta primeira prova, a reprovação acontece por apenas uma questão. Ao revés do Concurso Público, em que feitos desta monta são comemorados e aplaudidos, em termos de OAB, esses feitos são desesperadores. Desanimam a qualquer um. A sociedade não respeita um candidato reprovado no Exame da OAB. Ela encara a prova como uma simples aferição, parecida com a renovação da carteira nacional de habilitação.

O candidato às vezes nem consegue se recuperar de um exame para o outro. Indignação, é o que ele sente.

Nosso livro nasce dessa preocupação.

Não sentir na pele o que o nosso candidato vivencia não está em nossos planos. O envolvimento é mais forte do que nós. Por que ser mais um professor que entra na sala de aula, dá sua aula e volta para casa? Respeitamos tais posições, mas a nossa é diferente. Por que não criarmos um guia de aprovação para o Exame de Ordem? Estamos satisfeitos com os índices de reprovação que ultrapassam a média de 70% ao longo dos últimos anos? Evidente que não! Isso precisa mudar. Você precisa mudar! A preparação que chamamos de convencional, clássica não dá resultado, tendo em vista a dificuldade da prova. Exige-se por parte do candidato hoje o que chamamos de **TRÍADE PARA A APROVAÇÃO**:

1. Controle Emocional.
2. Planejamento.
3. Memorização.

Iremos dividir essa obra em segmentos muito bem definidos que permitirão a você, leitor, lê-lo, num primeiro momento, na ordem natural dos capítulos, mas também em leituras futuras isoladas conforme a conveniência de cada um.

- Como é a prova da OAB?
- Como estudar?
- Como não se desesperar com a quantidade imensa de matéria?
- Como lidar com a pressão?
- Como administrar o tempo?
- Como memorizar inúmeros conceitos?

Esta obra nasceu para responder essas questões. Sejam bem vindos a uma nova forma de preparação para o Exame de Ordem. Uma preparação diferenciada.

B) O Exame (ou melhor, o Concurso) de Ordem.

O Exame de Ordem foi regulamentado e passado a vigorar a partir do Provimento nº 81/1996, elaborado pelo Conselho Federal da OAB. Tal provimento aborda as regras para tal Exame e exige obrigatoriedade aos bacharéis de Direito que quiserem integrar a Ordem dos Advogados do Brasil. Ou seja, para poder advogar é necessário passar pelo Exame. O Provimento foi criado, tendo como suporte legal a Lei nº 8.096 de 1994, que dispõe sobre o Estatuto da Advocacia e sobre a Ordem dos Advogados do Brasil.

Inicialmente, cada seccional fazia a sua prova, sempre dividida em 2 fases bem definidas.

A primeira fase, objetiva, de múltipla escolha, com o número de questões variando de 50 a 100 questões, engloba a espinha dorsal da Faculdade de Direito. Questões de Direito Constitucional, Processo Civil, Penal e Direito do Trabalho fazem parte, dentre outras, da composição da prova. Vale observar que sempre foram exigidas questões acerca do Estatuto da OAB, por muitos chamados de Deontologia Jurídica.

Já na segunda fase, o candidato que obtivesse 50% de acerto na primeira fase era encaminhado para a prova prático-profissional. A escolha da área era feita no ato da inscrição. Sobre essa escolha, falaremos mais tarde. Nessa fase, de questões discursivas e de elaboração de uma peça prático-profissional, os candidatos são encaminhados às áreas Civil, Penal, Administrativa, Trabalhista, surgindo depois a Constitucional. Obtendo a nota 6,0, o candidato está aprovado e apto a apresentar toda a documentação exigida pela Ordem para que seja marcada a entrega de sua carteira com o respectivo juramento.

Em linhas gerais, este é o Exame de Ordem, que inicialmente era elaborado de forma estadual, ou seja, cada seccional fazia sua prova e que, atualmente, após um longo período de tentativas frustradas, encontra-se unificado com o todo o Brasil fazendo a mesma prova.

Vejamos alguns índices dessa realidade para que possamos, desde já, encararmos o Exame como ele deve ser visto.

Exame	Inscritos	Aprovados 1ªFase	% aprovação	Organizadora
2010.3	106.825	22.968	21,05%	FGV
		Aprovados 2ªFase		
		11.851	11,09%	FGV
		Aprovados Resultado Final		
2010.2	106.041	16.974	16%	FGV
2010.1	95.764	13.435	14,03%	CESPE
2009.3	83.524	13.781	16,50%	CESPE
2009.2	70.094	16.507	24,45%	CESPE
2009.1	58.761	11.702	19,48%	CESPE
2008.3	47.521	12.659	27,35%	CESPE
2008.2	39.732	11.668	30,22%	CESPE
2008.1	39.357	11.063	28,87%	CESPE

Por que os altos índices de reprovação? Costumamos colocar a culpa nas faculdades, na própria prova que tem uma dificuldade extrema, na quantidade de matéria exigida e abordada, até mesmo na suposta inconstitucionalidade do exame. Entretanto, pergunto-lhes: está sendo feito estudo planejado, objetivo e técnico? Sabemos quais as matérias, tópicos que mais caem? Deixamo-nos levar pelo nervosismo?

Iniciemos agora nossa preparação diferenciada.

c) Preparação Diferenciada.

O primeiro grande obstáculo para o candidato que inicia seu estudo para o Exame de Ordem é a quantidade de matéria. O desespero bate à porta e isso pode deixar qualquer pessoa desestruturada para iniciar a preparação.

Conosco isso não irá acontecer. Enfrentar é desafiador. A postura será essa. Aprenderemos a vencer. Já diziam os sábios: "tudo com técnica é feito melhor."

Iniciemos reconhecendo quais são nossos maiores inimigos:
- Quantidade de matéria.
- Falta de organização.
- Carga emocional – ansiedade.
- Pressão pessoal e familiar.

- Própria dificuldade da prova.
- Não saber fazer a prova de múltipla escolha.
- Administração do tempo.
- Falta de concentração.
- Arte da Guerra – Conhecer o Inimigo. É o que estamos fazendo.

Ao longo desta obra usaremos técnicas para vencer todos esses inimigos. Responderemos a questão que ora já fizemos: por que os altos índices de reprovação? Por falta de técnica. Surge assim nosso guia para ajudar e contribuir em sua aprovação.

Nossa preparação diferenciada se inicia enfrentando o primeiro inimigo:

c.1) Quantidade de matéria.

É humanamente impossível estudarmos todas as matérias, tudo que foi dado na faculdade e ainda tudo aquilo que pode ser pedido. Não é fácil. Às vezes, numa prova da OAB caem questões que o candidato sequer ouvir falar na faculdade, sequer foi ventilado durante os 5 (cinco) anos de graduação.

Imagino, numa construção mental das mais simples, nós professores exigirmos do candidato a leitura de uma obra completa de Direito Civil, por exemplo. Impossível.

Sendo assim, devemos ser o mais objetivo possível. Estudarmos a banca, verificarmos o que mais vem sendo questionado, quais são as matérias que mais chamam a atenção dos examinadores e a quantidade de cada questão por ramo do Direito.

Vejamos em linhas gerais quais são as matérias que caem no exame e a respectiva quantidade de questões. Frise-se que este número sofre algumas variações de exame para exame.

Todavia, as alterações não são tão significativas. Peguemos como parâmetro o ocorrido no Exame 2010.3, organizado pela Fundação Getúlio Vargas, sabendo porém, que a partir do Exame 2011.1 houve uma redução para 80 questões.

Matéria	Quantidade
Constitucional	10
Administrativo	8
Civil	10
Processo Civil	9
Tributário	8
Estatuto OAB e Direitos Humanos	10
Trabalho	7
Processo Trabalho	6
Penal	8
Processo Penal	7
Empresarial	6
ECA	2
Ambiental	3
Consumidor	3
Internacional	3

Estudando o quadro acima, a FGV surpreendeu com a quantidade de questões de Empresarial, exigiu um número considerável de questões de Direito Tributário e manteve Constitucional com 10 questões. Outra leitura inicial que fazemos desse quadro é que entre os direitos materiais (Civil, Trabalho e Penal) com seus respectivos ramos processuais (Processo Civil, Processo do Trabalho e Processo Penal) a diferença do número de questões é quase mínima, todavia a quantidade de matéria de Direito Material supera assustadoramente a quantidade de matéria em relação ao Direito Processual. Outro parâmetro que irá nos orientar.

Vejamos a mudança ocorrida no exame de 2011.1, em que a banca organizadora definiu que não seriam mais 100 questões e sim 80 questões. Surpreendeu retirando bastante questões de Tributário e criando uma importância ainda maior com o Estatuto e Ética da OAB, matéria esta que deverá ser estudada com uma periodicidade diferenciada.

Matéria	Quantidade
Constitucional	7
Administrativo	6
Civil	7
Processo Civil	6
Tributário	4
Estatuto OAB	12
Direitos Humanos	3
Trabalho	6
Processo Trabalho	6
Penal	6
Processo Penal	5
Empresarial	6
ECA	1
Ambiental	1
Consumidor	2
Internacional	2

Pelo que estamos percebendo, a tendência da Fundação Getúlio Vargas é modificar muito pouco o número de questões por exame. Vejamos o número de questões do recente exame 2011.2

Matéria	Quantidade
Constitucional	7
Administrativo	6
Civil	7
Processo Civil	6
Tributário	4

Estatuto OAB	12
Direitos Humanos	3
Trabalho	6
Processo Trabalho	5
Penal	6
Processo Penal	5
Empresarial	5
ECA	2
Ambiental	2
Consumidor	2
Internacional	2

Entretanto, antes de iniciarmos qualquer análise um pouco mais aprofundada sobre a preparação diferenciada que esta obra se propõe, o candidato deve ter a consciência de que é FUNDAMENTAL, frise-se, de suma importância, possuir a legislação atualizada. Nosso país edita leis semanalmente e nossos examinadores estão atentos a isso. Infelizmente muitos candidatos acreditam que uma lei recente não cairá. Definitivamente, a postura deve começar com a atualização da legislação. A ferramenta de trabalho fundamental. Conhecer a lei e ter intimidade com ela faz parte de uma nova preparação. Percebemos que a preguiça, o excesso de peso e até mesmo o desânimo são causadores de desleixo em relação às leis, aos códigos em geral. Acreditamos que, no estudo em casa, na sala de aula, mais importante do que qualquer outro material é estar de posse da lei.

Ainda, não deixemos que a falta de estímulo durante a graduação em se utilizar a lei em sala seja causadora dessa triste continuação durante a preparação e durante o acompanhamento de aulas no cursinho preparatório.

Permitam-me dizer duas excelentes vantagens em estar com a legislação durante uma aula. Em primeiro lugar, a memorização de regras e preceitos jurídicos insculpidos na lei. Enquanto o professor aborda determinado assunto, o novo e preparado candidato está lendo o artigo e raciocinando junto com o mestre. Num segundo momento, a preocupação desse aluno não é em copiar roboticamente a matéria dada em sala. Sua preocupação agora está em raciocinar e fazer anotações pontuais, que o remetam à sala de aula. Fazer associações de palavras em sala, algum exemplo dado e, principalmente, o raciocínio reforçam a memorização.

Lembrando, atentos às atualizações!

Um parêntese.

Muitos candidatos não acordam para a seriedade que se transformou o Exame de Ordem. Uma prova com nível de concurso público, com carga emocional diferenciada e com uma exigência na aprovação que supera os limites da razoabilidade. Enfim, esse candidato espera uma eventual reprovação para, somente depois, acordar e pensar a respeito.

Isso vai e tem que mudar.

Não podemos ser levianos ao ponto de afirmarmos que o aluno que não usa o Código atualizado não vai passar. Pode ser que sim. Como dissemos, o universo que cerca o Exame de Ordem é um universo intrigante, peculiar, em que talvez o menos preparado, que não fez uma boa faculdade, passa, por ter tranquilidade na hora da prova, enquanto aquele que fez uma excelente universidade, ótimas notas, mas que se cobra demais, não passa, por não ter tido na hora da prova a tranquilidade emocional exigida. O comportamento durante a prova também será analisado em breve por nós nesta obra.

Enfim, para não corrermos riscos é indicada a utilização da legislação atualizada. Não só leis, também as súmulas do STJ e do STF, inclusive as vinculantes. Diversas questões hoje são indagações acerca de súmulas recentes.

Pronto. Legislação atualizada checada, devemos iniciar nossa preparação. Saibamos de início que, até o dia da prova, nossa legislação não pode ficar parada na estante ou no armário. Enfatizamos demais isso, tamanha a importância dessa postura.

Muitos alunos resolvem escolher um curso preparatório para revisarem as matérias. Postura interessante, pois os professores de cursinho devem estar conscientes de que o objetivo deles é fazer vocês passarem. Costumamos dizer que o professor de faculdade, que tem um papel da mais alta relevância, forma o aluno, tenta construir no graduado uma consciência jurídica, enquanto nós, professores de cursos preparatórios, buscamos preparar, estudar a banca, passar ao candidato macetes, técnicas e experiências pretéritas.

Infelizmente, a postura da grande maioria dos candidatos dentro de sala de aula não é uma postura adequada e coerente para a preparação. O acompanhamento da aula precisa mudar. Iremos começar a combater a quantidade de matéria neste instante.

Prepare-se! Mude! Ouse!

A maior preocupação do aluno ao assistir uma aula é anotar tudo o que o professor diz. A grande maioria se aflige com isso. Esta não é uma postura inteligente para acompanhamento da aula. A cópia das falas dos professores mecaniza, robotiza o estudo. Com essa mecânica o aluno dificilmente raciocina durante a aula. Raciocinar é sinônimo de início da memorização.

Pergunte-se: quantas vezes após uma aula é refeita a leitura do caderno? Duas? Três? Desconfia do que escreveu quando vai estudar? Entende o que escreveu? Bate a insegurança, ou não? Normal. Nesse instante, o candidato procura uma obra, um livro ou uma apostila para conferir se o que anotou é realmente aquilo que os autores estão informando em suas obras.

Essa definitivamente não é uma postura produtiva e adequada em sala de aula.

Aconselhamos a se dirigir a uma sala de aula com a legislação atualizada acima de tudo. Imprescindível, faça chuva, faça sol, lute contra a preguiça, compre uma mochila, mas não deixe de levar a legislação. A leitura da mesma durante a aula traz um ganho considerável de memorização dos institutos abordados em sala de aula. A visualização do artigo ajuda, e muito, a memorização. Leia o artigo, sublinhe palavras chaves, faça anotações pontuais no caderno, mas NUNCA, digo, nunca deixe de raciocinar junto com o professor. Não estamos numa sala de aula fazendo o papel de um escrivão ou um secretário que em seus ofícios às vezes possuem tal obrigação. O aluno que quer usar seu tempo com qualidade presta atenção, leva o código, faz anotações pontuais e sublinha palavras chaves da legislação. Quem lhe disse que não precisa de organização para passar na prova da OAB?

Mude sua postura. O professor do curso deve estar atento às novidades, a carga horária deste é reduzida, ele deve ir diretamente aos pontos mais abordados, no estudo da banca. Converse com os professores, saiba o que cada um tem a dizer. Fique atento. Esqueça um pouco seu grupo de estudo da faculdade, aquela postura descompromissada muita das vezes adotada em salas de aula durante a faculdade. Exerça o treinamento da concentração. Lembre-se, no dia da prova iremos precisa e muito dela durante cinco horas.

Talvez ainda não tenhamos percebido que a leitura dos artigos durante a aula nos traga alguns benefícios. Mas vamos sintetizá-los brevemente:

- memória visual;
- acompanhamento dos tópicos mais importantes;
- atualizações;
- associação de palavras da lei com o instituto jurídico; e
- alerta acerca de eventuais atualizações que ainda não foram feitas.

Precisamos nos conscientizar que o examinador é apaixonado por leis novas, súmulas recém-publicadas, justamente para aferir por parte do candidato se ele está atento e atualizado. A prova dessa tendência é facilmente vista e percebida. Exemplifico.

Em 2008, foram publicadas um conjunto de 3 (três) leis que alteraram em grande escala o Código de Processo Penal. A chamada minirreforma processual penal (Leis nºs 11.689/2008, 11.690/2008 e 11.719/2008).

Desde a sua publicação, em junho de 2008, literalmente estas leis foram objeto de questões em TODAS as provas FGV. Hoje, o Tribunal do Júri é uma realidade nas questões objetivas de Exame de Ordem. O motivo? A Lei nº 11.689/2008 alterou de forma significativa seu procedimento.

Assim, nova postura em sala de aula:
- levar o código;
- fazer anotações pontuais;
- sublinhar palavras-chaves importantes do artigo;
- exercer treinamento de concentração;
- organização.

O primeiro passo, portanto, para obtenção de memorização da matéria é a leitura dos artigos em sala e durante o estudo. Sobre o estudo em casa, é o que passamos a falar neste instante.

Sobre a elaboração de resumos, de como sublinhar, remetemos o leitor à parte V deste projeto.

Vale ainda observar que a quantidade de matéria pode ser vencida com a realização de um maior número de provas possíveis durante o treinamento. Tamanha a importância dessa postura, que abordaremos tal técnica em tópico a seguir.

c.2) Falta de Organização.

A postura do novo candidato à aprovação no Exame de Ordem deve e será com organização.

Hoje não temos um padrão de candidato ao Exame de Ordem. A faculdade de Direito, atualmente, é um grande atrativo para aposentados, dos já possuidores de diplomas em outras áreas, dos que querem continuar estudando e daqueles ainda que veem na faculdade de Direito uma oportunidade de recomeço com a visualização de aprovação num futuro concurso público da área. Neste instante, rendo homenagens a todos os mais velhos que frequentam a sala de aula. Um exemplo a ser seguido que emociona a qualquer um. Para nós não seria diferente.

Sendo assim, os ambientes de estudo são dos mais variados. Recém-formados que não possuem maiores preocupações a não ser estudar. Pais de família que precisam ter tempo livre para estar com seus filhos. Mães que trabalham, estudam e ainda têm que tomar conta da família. As realidades são das mais variadas. Neste aspecto reside uma luta que todo candidato trava ao começar a estudar. Um ponto comum entre todos.

A questão de não ser interrompido.

Verificamos que isso é corriqueiro na vida do candidato. Talvez o que abordaremos a seguir possa se encaixar em sua realidade. Quando eu estudei para o Exame de Ordem, residindo ainda com meus pais, solicitava gentilmente a todos que não me interrompessem durante o período de estudo. Caso alguém ligasse, pedia para anotar o recado. Queria e precisava de silêncio absoluto. A concentração e o silêncio caminham de mãos dadas. Confesso que era difícil não atender ao telefone celular, complicado não deixar o computador ligado, resistia em estudar deitado. Uma verdadeira luta. Mas eu precisava vencer aquilo tudo. Naquele instante algo de surpreendente acontecia.

Algo movia todas as pessoas da casa a entrarem no quarto e, inevitavelmente, era interrompido.

Pois bem. Essa é uma realidade que a maioria passa. Inegável que o estudo saia prejudicado. Às vezes o início do estudo é doloroso. Mais ou menos o que acontece numa corrida. Os dez primeiros minutos parecem ser mais cansativos, o corpo frio, a vontade de desistir batendo à porta. Mas depois o treinamento engrena e ao final a sensação de dever cumprido recompensa.

Devemos conscientizar as pessoas da casa. Eles não exigem nossa aprovação? Gentilmente informe-os sobre a importância do estudo recluso. Permita-se esquecer das tecnologias. Concentre-se. Lute contra a falta de atenção. Não interrompa o estudo. Devemos sempre estudar e, quando nos sentirmos muito cansados, faça uma leve pausa. Sabemos que a cada duas horas de estudo uma breve pausa de 15 minutos é altamente benéfica para o progresso das horas seguintes. Um detalhe interessante para estimular um dia de estudo é a preparação da mesa de estudo. Um ambiente bagunçado, sem organização, não estimula a concentração. Coloque separadamente sua legislação do lado, separe caneta e lápis. Descubra a metodologia que nem você sabia que tinha.

Enfim, limpe o ambiente de estudo de forma com que ele o convide para estudar. Estímulo. Dá certo, acredite.

Sobre o planejamento de estudo, remetemos o leitor para a parte II desta obra.

c.2) Carga Emocional.

Hoje temos a certeza absoluta que o Exame de Ordem supera os concursos públicos no que diz respeito à carga emocional. No início desta obra abordamos em linhas gerais tal aspecto. Todavia neste ponto se faz necessária uma reflexão maior sobre o tema.

- Quem é o estudante de Direito que sai da faculdade e não pode advogar?
- Do que serviram 5 (cinco) anos de estudo sem a carteira da OAB?
- Como almejar um futuro profissional sem a carteira da OAB?
- A consagração do estudo, da faculdade, vem com a aprovação no Exame?
- Será que familiares, amigos e pessoas próximas sabem da dificuldade da prova?
- Não passando no Exame teremos chance de passar em futuros concursos públicos?

Estas são as indagações mais comuns. As que tiram o sono e a tranquilidade de qualquer candidato. É definitivamente uma pressão. Só quem vive sabe do que estamos falando.

Neste ponto fundamental para a aprovação, chegamos num momento de escolha. Definitivamente precisamos respirar fundo, amadurecer e escolher o melhor caminho.

Normalmente o que vemos? As pressões vencendo. O pensamento negativo se apoderando de corpo e mente. O desespero toma conta.

Algumas perguntas e afirmações mais comuns que o candidato se faz tiram o seu equilíbrio. Quem nunca se perguntou ou afirmou, por exemplo:

- "É muita matéria!"
- "Não sei por onde começar."
- "Preciso passar na Ordem."
- "O que eu faço na 2ª Fase? Qual a mais fácil? Qual matéria tem menos peças?"
- "Se eu não passar não serei contratado (a) pelo escritório!"

- "Quero ser Juiz (a) e se eu não passar na OAB, será que consigo?"
- "Sou um (a) idiota que não consegue passar na prova."

Calma. Respire fundo. Pensar positivo é uma luta diária. Repita. Pensar positivo é uma luta diária. Acreditar na aprovação. Se não acreditarmos nela, de NADA adianta. Talvez não saibamos a força interior que temos, talvez não saibamos a fé que temos. Pois bem. Esse é o momento de escolher esse caminho. Da vontade, da garra na aprovação.

Verificamos no cotidiano que em muitas vezes a prova da OAB se transforma no primeiro e real desafio do candidato. Sendo assim, se não tiver técnica e planejamento, sua aprovação, provavelmente, estará comprometida.

Senão, vejamos. O aluno não fez uma boa faculdade, não frequentava as aulas com assiduidade, fazia a prova de qualquer jeito, tirava cópia do caderno dos colegas, enfim, foi "levando" a faculdade, como diz na linguagem universitária e popular. No momento da prova da OAB, percebam, toda essa realidade é totalmente apagada. Trata-se de um momento único em que o candidato está isolado. São apenas ele e a prova. Esse é o momento de se provar maturidade jurídica e emocional.

Muitos acordam só agora, com uma eventual reprovação. Infelizmente é necessária uma reprovação para o aluno acordar para a realidade.

No cotidiano vemos discursos inflamados contrários ao Exame de Ordem. Discursos exaltados criticando a OAB, a dificuldade da prova, o absurdo em que ele se tornou. Muitas opiniões são reconhecidamente pertinentes, mas pergunto-lhes: vale a pena nos prendermos a tais questionamentos?

Nosso caminho será outro. Muito trabalho, estudo, foco e planejamento. Já conversamos sobre a postura humilde que temos que ter em relação ao exame. Partindo dessa premissa, como podemos vencer e conviver com essa inimiga poderosa chamada **ANSIEDADE**. O primeiro passo já foi dado. Encararemos a prova com humildade. Nível de concurso público. Em conclusão, temos que estudar com objetividade. Em segundo lugar, encarar essa prova como um desafio que pode ser vencido. Com simplicidade. Permitam-me explicar. A vida nos traz muitas adversidades, obstáculos a serem vencidos. Se a vida fosse aquilo que todo mundo sonha, viveríamos num paraíso jamais imaginado. Sabemos que as artimanhas do destino nos pregam peças. Reconheça. A vida é como um todo, uma verdadeira prova. Essa prova da OAB é mais um degrau a ser superado. Ou inocentemente achamos que com a aprovação teremos uma felicidade plena? Quando passarmos na prova da OAB, instintivamente iremos traçar novos objetivos. Montar um escritório, estudar para um concurso público sonhado ou até mesmo abandonar o Direito e seguir o que o coração manda. Todavia, a carteira nos dá o sentimento de dever cumprido.

Neste ponto, nos lembramos da célebre frase do pensador e lutador por igualdades raciais Malcom X:

"Não há nada melhor do que a adversidade. Cada derrota, cada mágoa, cada perda contém sua própria semente, sua própria lição de como melhorar seu desempenho na próxima vez."

Nós nos fortalecemos com as adversidades da vida. Pensamos e refletimos apenas nos momentos de sofrimento. Essa prova da OAB deve ser encarada como mais uma batalha, mais uma guerra que se chama vida. Esse momento, em nossa opinião, deve ser encarado com sentimentos bons, em crer que as adversidades não irão nos vencer. Reconhecer os erros e as fragilidades em determinadas matérias, estudar a banca, pensar positivo são armas que devem ser usadas. Você as está usando? Ou está deixando os pensamentos negativos gostarem de você? Lute, só você pode lutar por você e para você. Assim como no dia da prova, que é um momento, você e a prova, agora é o momento de você, e mais ninguém, lutar contra as dificuldades impostas.

Infelizmente, durante a preparação, verificamos muitos alunos acreditando que a prova da OAB é sinônimo de felicidade. Ora, ora. Evidente que não. Ela trará alegrias, prestígio, reconhecimentos, porém ao retirarmos a carteira vermelha de advogado o juiz da vida apitará o início de um outro desafio. Não seria a vida um conjunto deles?

Encare esta prova como mais um deles. Reconheça que muitos virão. A vida nos colocou de frente para este desafio. Lutemos com amor. Sábias as palavras de Ernesto Che Guevara, exemplo para todos nós:

> *"Correndo o risco de parecer ridículo, deixem-me dizer-lhes que o verdadeiro revolucionário é guiado por grandes sentimentos de amor."*

Revolucione seu estudo, transforme-se, adapte-se a esse novo e vencível obstáculo que é a prova da OAB.

Não se deixe levar pelo desespero. Saiba que existem momentos durante o estudo em que precisamos de tempo livre, de oxigenar o cérebro, de encher nosso coração de pensamentos bons, simples, vivos, positivos.

Uma dica:

Procure durante a preparação identificar aquilo que lhe faz bem. Caminhar? Conversar com os amigos? Cinema? Música? Um bom vinho? Estar com os mais próximos? Uma postura inteligente ao estudar é saber reconhecer que a mente precisa de descanso. Um passo atrás, de descanso no estudo, pode gerar uma caminhada mais tranquila e prazerosa nos dias que se seguem.

Portanto, identifique aquilo que lhe faz bem, se encha de entusiasmo, visualize a aprovação, passe na porta da OAB e acredite que em breve você vai estar ali pegando a sua tão sonhada carteira. Pense que depois da aprovação você irá comemorar, viajar, beijar, sorrir. Sonhe. É de graça e, acredite, faz muito bem à saúde.

c.3) Dificuldade da Prova.[1]

Reconhecer que a prova tem suas dificuldades é um caminho interessante e necessário. Isso cria um alerta durante a preparação. O jogo não está ganho e precisamos admitir que sem esforço a reprovação será uma realidade.

Já abordamos neste capítulo algumas armas que possuímos para vencer nossos inimigos. Não custa relembrarmos:
- Humildade;
- Organização;
- Controle emocional;
- Estudo com qualidade e objetividade;
- Legislação atualizada;
- Postura de sala de aula;
- Postura de estudo em casa.

---
1 Provas Anteriores da OAB e de Concursos Públicos podem ser facilmente baixadas através do site: http://www.bellooab.blogspot.com/

Sobre a prova, um ótimo começo é a realização das provas anteriores. O velho e bom sentimento de conhecer o "inimigo". O que e como pode ser pedido. A tática de realização de provas anteriores é uma excelente pedida para se habituar ao estilo do examinador.

Todavia, como faz o candidato ao estudar?

Ao escolher fazer uma prova em seu ambiente de estudo, grande parte dos candidatos o faz com o gabarito do lado e até mesmo com a legislação aberta. É interrompido e, ao ficar em dúvida entre suas opções, se socorre do gabarito como se fosse algo mais forte do que ele. Isso sem contar com todo o conforto de uma bebida gelada nos dias de calor ou até mesmo um chocolate quente nos dias de frio. O conforto e a tranquilidade imperam. Celular e computador ligado nas redes sociais? Será que acontece?

Perdoe-me. Isso é uma verdadeira enganação. Ilusão na essência.

Realizar a prova de múltipla escolha em casa requer inúmeros cuidados. É o que chamamos de **LIMITE DA PERFEIÇÃO**. Para que se tenha um aproveitamento maior, tentaremos retratar o ambiente de prova durante o treinamento. Assim, o limite da perfeição seria:

   i. *5 horas sem interrupção;*
   ii. *5 horas sem acesso à tecnologia;*
   iii. *concentração total;*
   iv. *relógio apenas marcando a duração da prova;*
   v. *sem qualquer tipo de consulta;*
   vi. *prepare o ambiente antes tão somente com o que pode ser permitido levar no dia da prova;*
   vii. *se for o caso deixe água e algo leve para comer durante a preparação;*

viii. jamais olhe o gabarito, não ceda à tentação;
ix. sem consulta a leis e a apontamentos.

Assim, simulação total do dia da prova. Limite da perfeição. Durante esse período evite posturas endurecidas, procure se levantar quando for necessário, estique seu corpo. Treine a concentração. No dia da prova imagine que serão as 5 (cinco) horas de maior concentração em nossas vidas. Chegou a hora de criarmos maturidade de vencedor, de um verdadeiro guerreiro que não teme. Respire fundo, dê a partida e faça a prova. Por mais difícil que isso possa parecer, faça-as. Não tenha pressa. Use bem o período de prova.

Que fique bem claro que não devemos ficar presos a certames da OAB. É por demais interessante fazermos também provas de concursos públicos da mesma banca. Há uma tendência natural das bancas seguirem estilos, padronizarem temas. Fazer o maior número de provas traz alguns benefícios, vejamos:

- preparação física;
- preparação mental;
- rotatividade de estudo;
- reconhecimento das fragilidades;
- reconhecimento das melhores matérias;
- adaptação ao tempo de prova;
- adaptação ao estilo da banca;
- percepção da matéria que está com mais dificuldade e por isso estudá-la mais.

Depois da realização da prova, vem uma parte muitíssimo importante para nosso estudo. A conferência com o gabarito. Os acertos serão comemorados e os erros também. Explico-lhes.

O erro no treinamento é o acerto no dia da prova.

Como sabemos que nosso estudo está sendo proveitoso? Quem lhes disse que quantidade de horas estudadas é sinônimo de qualidade de estudo?

Quem nos dá a certeza disso são os exercícios sendo feitos no limite da perfeição. Conferirmos o gabarito é o que nos dá a certeza de nossas fragilidades. Isso nos mostrará quais os ramos do Direito que precisamos estudar mais.

Eis um singelo exemplo.

Quantidade de Questões em Direito Constitucional → 10.
Número de Acertos → 8.
Quantidade de Questões em Direito Penal e Processo Penal → 15.
Número de Acertos → 5.

Que leitura devemos fazer? Fragilidade na ciência criminal que precisa ser urgentemente trabalhada. Acompanhe com mais atenção as aulas dessa matéria, não deixe de frequentar as aulas, procure o professor para maiores detalhes, procure saber quais os temas que mais caem.

ENFRENTE A FRAGILIDADE.

Verifique os motivos que levaram ao erro. Anote os porquês. Lembre-se de todos eles, **o erro no treinamento é o acerto no momento da prova**, frise-se. Use um caderno para inserir essas anotações, elas serão válidas na semana que antecede a prova, pois nesta usaremos tais anotações para uma grande revisão.

Mas isso não basta. A grande questão é:
Você sabe fazer com técnica uma prova objetiva?
Passemos a enfrentar esse inimigo poderoso.

c.4) Realização da Prova Objetiva.

Nosso esquema de estudo é todo pautado em simulações, ou seja, tentarmos retratar o dia da prova e suas nuances durante o período de estudo. Sendo assim, passemos a enfrentar um dos maiores motivos de reprovação na prova da OAB, qual seja: **A realização da prova de múltipla escolha sem técnica.** Neste aspecto é interessante desde o primeiro dia de estudo nos adaptarmos a uma nova realidade. Usar as 5 (cinco) horas de prova com qualidade e técnica. Tudo com técnica é feito melhor, provavelmente ecoa essa verdade por aí. Assim, vamos à luta. Revolucionar nossa preparação é a palavra de ordem.

Primeiramente, pergunte-se como você faz uma prova de múltipla escolha e vejamos se você se encaixa nas formas clássicas que, a nosso ver, são ruins para a realização da mesma.

Postura 1 (menos comum):

Realização da prova pela ordem natural das questões. Postura rara, exigindo muito equilíbrio e comprometimento por parte do candidato. A nosso ver, essa postura exigirá obediência ao extremo que pode ser prejudicial durante a prova. Realizar as primeiras questões sem saber o que está sendo indagado adiante é muito raro hoje em dia.

Postura 2 (mais comum):

Leve análise da prova. Passagem natural por todas as questões. O desespero toma conta. A realização da mesma não segue um padrão bem definido, em que às vezes o candidato tenta começar pelas matérias que mais gosta, mas, diante de uma dificuldade em determinada questão, ele começa, de forma desorganizada, a fazer a prova conforme sua conveniência. Faz duas de Direito Penal, depois faz cinco de Direito Constitucional, se desconcentra e deixa seu tempo passar. Este é um dos maiores inimigos da prova da OAB. Sem técnica, este candidato que assume a postura 2 é vencido pelo tempo, se desespera ainda mais e sai da prova reclamando do curto período de realização da prova. Vale ainda observar que o literal "tiroteio" de questões que esse candidato se permitiu fez com que se cansasse mais rapidamente, tanto física quanto emocionalmente. Percebam que, durante a sua preparação para a prova, você definiu o estudo em blocos de matérias, cada dia para uma matéria. Os cursos assim o fazem. Cada dia uma matéria, duas no máximo. A lógica e o aprendizado exigem isso. Ao adotarmos a tática sem técnica, de fazermos questões aleatórias, o candidato não se concentra, não traz para a ponta do lápis suas memórias em relação àquela determinada matéria. Ele se permite, assustadoramente, a toda hora pensar num ramo jurídico diferente. Isso cansa e desgasta. Por que não retratar na prova o que acontece em sala de aula? Durante uma aula de Direito Tributário, o aluno deve estar concentrado em que matéria durante aquele período? Com essa postura comportamental durante a prova, isso acontece?

Surge assim, depois de um estudo minucioso e realista, uma nova técnica de elaboração de prova.

NO LIMITE DA PERFEIÇÃO

Essa técnica que reconhece os limites da mente, do corpo, reconhece a carga emocional de uma prova e, principalmente, surge a partir do conhecimento e do amor que temos por nossos alunos.

Use este novo método de realização da prova durante seu estudo. Verifique seus progressos. Use técnica. Você é ou não é um candidato/lutador/guerreiro inteligente?

Perceba se seu rendimento melhorará.

Período	Momento	O que fazer
0 a 15min	Desespero	Nada. Esse período será de extrema busca da tranquilidade. Naturalmente com a chegada do momento importante que é a prova, a tendência é nos desesperarmos por completo. Respire calmamente. Um filme passará pela cabeça do candidato, com todas as exigências, o período da faculdade, os questionamentos de familiares. Impressiona a velocidade da mente. Respire e comece a se concentrar.
15min até 2h30min – 3h	Melhor	Nesse momento devemos nos concentrar nas melhores matérias. Fazermos em bloco a prova. Comecemos pela melhor matéria e assim por diante. Assim nos concentramos na matéria e ainda temos maiores chances de pontuar. É neste melhor momento de prova que o candidato define sua aprovação. Use-o da melhor forma possível. Pontue! Todavia podem surgir algumas dúvidas, questões sem certeza de marcação. Aconselhamos uma nova técnica. Ao analisarmos todas as opções, defina um sinal característico para aquelas opções descartadas, ou seja, geralmente em provas de múltipla escolha o examinador coloca uma ou até duas opções, que transcendem a realidade da questão. Use um sinal para nunca mais precisar lê-las. Digo o porquê. Ao regressarmos nessa questão, não iremos perder tempo nestas opções e ainda não correremos o risco de marcá-las num momento futuro mais crítico em termos de concentração. Assim, ao voltar à questão, leia apenas aquelas opções razoáveis e que ainda não foram descartadas.

34

3h – 4h	Intermediário	Fisicamente e mentalmente começamos a entrar numa fase cansativa, complicada. Procure levantar, ir ao toalete, esticar o corpo, beber uma água. Nesse período começaremos a fazer as matérias que estudamos pouco, matérias que não são consideradas as mais fortes pelo candidato. Use também esse momento para voltar em uma eventual questão que não foi respondida no momento anterior. Lembre-se, não releia opções já descartadas.
4h-5h	Zumbi	Momento de extremo perigo. A alma do candidato vaga. O corpo não aguenta mais. Carinhosamente ou terrivelmente apelidado de momento "zumbi". Este período gera inúmeras reprovações. Aconselhamos a deixar esse momento para a marcação das respostas no cartão oficial. O grande dilema nesse momento é quando o candidato se depara com uma sequência de opções iguais. Exemplifico: 49- B 50- B 51 – B 52 – B? Instantes de aflição. Pensa o candidato: como uma sequência dessas? O momento Zumbi é perigoso, o candidato volta na questão, acha-se mais inteligente e acaba trocando as opções. Insegurança. Muito cuidado, pois são frequentes os depoimentos de alunos que nos alertam que foram reprovados por causa do momento Zumbi, de trocarem inúmeras respostas. Deixo-lhes a seguinte pergunta para reflexão: como neste momento de cansaço físico e mental perceberíamos algo que não foi analisado nos melhores momentos?

Esta postura deve ser adotada durante a realização das provas no treinamento. Limite da Perfeição, sem interrupções e sem consulta a materiais e gabaritos. Lute contra estas tentações! Familiaridade com a banca, temas correlatos repetidos e preparação física e mental são alguns dos ganhos em se fazer muitas provas durante a preparação.[2] Além disso, identificar a fragilidade. São nelas que buscamos uma aprovação. Chamamos de fragilidade aquele ramo do Direito pelo qual o candidato não possui muita admiração, aquela matéria que ele nunca gostou muito de estudar e não foi bem na faculdade. O treinamento intenso deverá ser nestas matérias.

---

2 Provas anteriores FGV podem ser baixadas no site: http://www.bellooab.blogspot.com/

Parte II
Planejamento de
Estudo em 6 semanas

Neste esquema, tentamos aliar a maior rotatividade possível de matérias, dando preferência àquelas que possuem um maior número de questões e com menor quantidade de conteúdo. Pelo que vocês irão perceber, o grande detalhe deste cronograma é a realização do maior número de provas possíveis. Pedimos-lhes que, ao elaborarem as provas, as façam no **LIMITE DA PERFEIÇÃO**, ou seja, sem consulta, sem interrupções, sem tecnologia e no período determinado pelo examinador, em até cinco horas. Não tenham pressa, treinem a concentração e antes de começar, peguem sua água, preparem seu ambiente de estudo e peçam, gentilmente, para não serem interrompidos, por mais difícil que isso possa parecer. A realização de provas anteriores traz um ganho muito grande em relação ao conhecimento da banca e da análise dos erros. Ao concluirmos a elaboração da prova, iremos conferir o gabarito e verificaremos os motivos de cada erro. Esse estudo é o mais técnico e produtivo para uma prova objetiva como é o Concurso de Ordem. Tempo e quantidade de matéria podem ser vencidos assim.

Todas as provas mencionadas nesse planejamento, com o respectivo gabarito, encontram-se disponíveis para *download* no *site* www.bellooab.blogspot.com, no ícone "downloads". Caso seja necessária durante a preparação colocaremos mais algumas no banco de dados.

Para todos acompanharem todo o universo que cerca não só o Exame da OAB, como também receber as atualizações, vídeo-dicas, novidades legislativas e apostilas, sugerimos o cadastro no grupo de *e-mails* BELLOOAB. Basta enviar *e-mail* em branco para bellooab-subscribe@yahoogrupos.com.br. Em seguida, será enviada uma resposta automática com as diretrizes para o simples cadastro.

Concluindo, sobre os domingos, procure usar um período de estudo (tarde ou manhã). Use o seu tempo livre para fazer aquilo que mais gosta, descansar a mente é importante para uma boa preparação no dia seguinte.

Sobre a semana final de estudo, elaboramos um esquema de revisões por grupo de matérias. Como funciona? Leitura de anotações de aula, leitura dos erros cometidos nas elaborações das provas, leitura dos detalhes mais atuais das respectivas matérias, análise de prazos. Essa é uma semana em que os nervos estão à flor da pele (você deve estar pensando: "Não, professor, eles já estão!" Ok, você venceu, mas nesse momento de expectativa de publicação de edital seu controle emocional deverá ser utilizado).

Procure se acalmar, por mais difícil que isso possa parecer. Sabemos que a prova da OAB tem uma carga de responsabilidade inimaginável, mas acreditamos em você. Por isso, estamos fazendo esse planejamento no intuito de ajudá-lo. Faça sua parte, não deixe de estudar com técnica. Estudar com maturidade é respeitar o inimigo, reconhecer as limitações e ter muita, mas MUITA força de vontade. Descubra aquela que você nunca imaginou ter.

Segue o planejamento das 6 semanas que antecedem a prova.

1ª Semana

Segunda-feira	Terça-feira	Quarta-feira	Quinta-feira	Sexta-feira	Sábado
Constitucional	Administrativo	Tributário	Empresarial	Ética	Elaboração da Prova FGV OAB 2010.3 e Revisão da Semana

Domingo
Elaboração da Prova **Procurador do Tribunal de Contas Município/RJ 2008**.

2ª Semana

Segunda-feira	Terça-feira	Quarta-feira	Quinta-feira	Sexta-feira	Sábado
Penal	Processo Penal	Civil	Processo Civil	Ética e Internacional	Elaboração da Prova FGV Delegado Amapá 2010 e Revisão da Semana

Domingo
Elaboração da Prova **FGV Advogado do Senado 2008**.

3ª Semana

Segunda-feira	Terça-feira	Quarta-feira	Quinta-feira	Sexta-feira	Sábado
Trabalho	Processo Trabalho	Tributário	Constitucional	Consumidor, ECA, Humanos	Elaboração da Prova FGV Juiz Pará 2009 e Revisão da Semana

Domingo
Elaboração da Prova **FGV OAB 2011.1**.

41

4ª Semana

Segunda-feira	Terça-feira	Quarta-feira	Quinta-feira	Sexta-feira	Sábado
Constitucional	Administrativo	Tributário	Processo Civil	Ética e Ambiental	Elaboração da Prova FGV Inspetor de Polícia 2008 e Revisão da Semana

Domingo
Elaboração da Prova FGV OAB 2010.2.

5ª Semana

Segunda-feira	Terça-feira	Quarta-feira	Quinta-feira	Sexta-feira	Sábado
Penal	Processo Penal	Trabalho	Processo Trabalho	Ética	Súmulas STF e STJ

Domingo
Elaboração da Prova Polícia Legislativa do Senado Federal 2008.

6ª Semana – Reta Final

Segunda-feira	Terça-feira	Quarta-feira	Quinta-feira	Sexta-feira	Sábado
Revisão de Constitucional e Administrativo	Revisão de Penal e Processo Penal	Revisão de Trabalho e Processo do Trabalho	Revisão de Tributário e Ética	Revisão de Civil, Consumidor e Processo Civil	Revisão de Véspera

Parte III
O dia da prova

Uma nova postura deve acontecer nesse dia. Um dia especial e um dia de concentração. Na verdade, a preparação começa no sábado, véspera da prova. Falemos um pouco sobre ela.

Geralmente os cursos preparatórios realizam as famosas revisões de véspera. Recomendamos que o candidato vá a essas aulas, com uma postura diferente. Nesse dia, o máximo que deve ser levado é a legislação, para eventual consulta durante os "aulões".

Normalmente o candidato que fica em casa enclausurado fica mais nervoso, andando de um lado para o outro e torna o sábado, véspera da prova, um verdadeiro calvário.

Normalmente, como já dissemos, as pessoas que mais nos amam, às vezes, são as que mais nos prejudicam nesse momento, não por mal, mas por quererem tentar nos acalmar.

Assim, a ida à revisão pode ser benéfica, não só para acompanhar as dicas que sempre são preciosas no dia seguinte, como também para se transformar num momento de "ver o tempo passar mais rápido". Nesse ponto, inclusive, acreditamos que as revisões de véspera descontraídas, com os professores revezando em dicas e brincadeiras, seja o mais benéfico para o momento.

Encerrando a revisão, uma postura inteligente e madura é não estudar. Isso mesmo. Sábado, por volta das 18h, véspera da prova, não se estuda. O candidato deve agora descansar mente e corpo. O momento requer maturidade e coerência. Adiantará estudar de forma intensa e sem controle para o dia seguinte? Evidente que não. Esse é o momento de literalmente relaxar. Ficar com o namorado (a), esposa (o), abraçar os pais, os irmãos, ir a um cinema, ver um filme em casa, jantar um prato de preferência, ouvir uma música, um CD novo e até mesmo ficar sozinho, descansando, agradecendo a força durante a preparação. Procure aquilo que lhe faz bem. Isso é essencial nesse momento. A concentração se faz dessa forma. A mente e o corpo devem descansar.

Talvez muitos podem passar pelo que nós, inclusive, passamos, que é a dificuldade de dormir do sábado para domingo, véspera de prova.

Indicamos uma atividade física depois das revisões de véspera. Evidente que somos seres individualizados e cada um tem sua "válvula de escape". Uma corrida ao som de uma música estimulante foi e é uma forma bem interessante de extravasar e deixar o corpo cansado, para depois de um banho, se preparar para descansar e dormir. Fica a dica.

E chega. Domingo, dia da prova.

É o nosso dia!

Recomendo um leve café da manhã e, por volta de 11h30/12h, que se almoce um leve prato de massas sem molho, apenas na manteiga. Comidas pesadas não são recomendadas nesse dia. Muitos preferem fazer um café da manhã reforçado e, durante a prova, matar a fome com barras de cereais. Acreditamos que a primeira opção é melhor, porém deixaremos que a escolha seja feita pela candidato. O que não recomendamos é a realização da prova com o estômago vazio, a ansiedade tomando conta e o nervosismo se apoderando. Nada disso. Precisamos nos alimentar.

Sobre a ida e o transporte ao local da prova percebemos um dos maiores erros cometidos por vários candidatos. A ida ao local de prova com entes queridos.

Explicamos.

Como já dissemos, nossos entes queridos são aqueles que mais podem nos prejudicar nesse momento único e exclusivo em nossas vidas. Não o fazem por mal, mas pode acontecer. Senão vejamos situações e diálogos comuns que podem acontecer durante o deslocamento à prova:

- "Calma."
- "Confiamos em você."
- "Não fique nervoso (a), vai dar tudo certo, foram 5 anos de uma ótima faculdade."
- "Confiamos em você, muita calma, até curso você fez."
- "Relaxa, depois dessa carteira você irá trabalhar no escritório de seu tio."

Isso sem contar que alguns escritórios de advocacia exigem a aprovação para admissão em seus quadros.

Não vale a pena passarmos por isso.

Recomendamos que o deslocamento seja feito de forma solitária. Um táxi é a melhor opção. Não há influências alheias e nenhuma preocupação com local de estacionamento. Em algumas capitais, os locais de prova são de ruim acesso e a ida de carro pode se transformar numa luta por uma vaga e eventual

47

preocupação com estacionamentos em locais proibidos, fora a verdadeira "extorsão" feita pelos famosos "flanelinhas".

Chegando ao local de prova, a entrada direta para a sala se faz necessária. Muitos professores dirigem-se aos locais de prova, isso pode ser benéfico para aquele (a) que se encontra um pouco mais nervoso (a). Nós, professores, somos sensíveis nesse momento e talvez um abraço ou até mesmo uma palavra de incentivo pode fazer a diferença.

Não se esqueça de vestir roupas confortáveis e jamais deixei de levar água.

Essas dicas são importantes? Acreditamos que sim, mas precisamos estar conscientes de que o pensamento positivo nos move nesse momento.

Acreditar numa aprovação é fundamental.

Confie e dê o máximo. Foram semanas de preparação que irão valer a pena quando pegarmos o resultado e verificarmos que a mudança estrutural, comportamental e de estudo fizeram a diferença.

Nossa maior conquista é fazermos tudo dentro de nossas possibilidades e trabalharmos com fé, olhar para trás e nos orgulharmos do esforço.

Pense que cada minuto da preparação valerá a pena e jamais deixe de acreditar.

Parte IV
Como ganhar mais tempo para estudar

Administração do tempo

Parte I. Introdução.

O tempo é, hoje, talvez a maior riqueza do mundo, e, ao mesmo tempo, o que há de mais escasso.

Todos os seres humanos que habitam o Planeta Terra estão, há muitos anos, em busca daquilo que a vida tem de mais escasso para oferecer: *tempo disponível*.

Todos nós temos o mesmo quinhão de horas diárias, semanais e anuais.

Nas 24 horas diárias, muitas vezes, temos que realizar tarefas que parecem que levarão mais de um dia para serem realizadas. Essa é a razão da grande queixa das pessoas. Se perguntarmos a várias pessoas se elas gostariam que os seus dias tivessem mais de 24 horas, certamente todas, ou quase todas, responderiam de forma positiva.

E você, gostaria que o seu dia tivesse mais de 24 horas? Odiamos ter que te dizer isso, mas a verdade é que o tempo é finito.

Todos nós temos as mesmas 24 horas para realizarmos, diariamente, aquilo que *precisamos* fazer e aquilo que *gostamos* de fazer.

E nesse tempo finito, muitas vezes temos que escolher entre o que *precisamos* fazer e o que *gostamos* de fazer.

Levando-se em consideração que cada escolha implica uma renúncia, esta escolha muitas vezes chega a ser cruel.

Muitas vezes, nessas 24 horas diárias, apenas conseguimos realizar aquilo que *precisamos* fazer, não restando, assim, tempo para aquilo que *gostamos* de fazer.

Essa é a principal razão pela qual muitas pessoas se queixam que na vida moderna, só dá tempo de trabalhar, ficando para trás a parte do lazer, como o convívio com a família, encontro com os amigos, prática de uma atividade física etc.

Nos seminários e palestras que o ITC promove, essa é a principal reclamação dos participantes. Como costumamos dizer em nossas palestras, os dias passam lentos, mas a vida passa rápido, e muito rápido. Isso significa que precisamos aprender, o mais rápido possível, a administrar bem o nosso tempo.

A administração do tempo é uma das grandes dificuldades do ser humano na atualidade.

O quanto antes você aprender a administrar bem o seu tempo, mais rápido chegará ao sucesso almejado.

A palavra *sucesso* significa um estado de espírito. A origem de palavra *sucesso* é *sucessus*, que é o particípio passado do verbo latim *sucedere*, que, por sua vez significa *acontecer*.

Por esta razão, chamamos o sucesso de a **concretização de um projeto.**

Se, para nós, o sucesso é a **concretização de um projeto**, podemos concluir que sucesso significa *fazer acontecer algo anteriormente idealizado*. Portanto, podemos ter *sucesso* na vida pessoal, na vida profissional, na vida amorosa etc.

O primeiro passo para o alcance do sucesso – **concretização de um projeto** – consiste na administração do tempo.

Em primeiro lugar, você precisa ser mais organizado e administrar melhor o seu tempo. Com tempo sobrando – e acredite que isso é possível – você terá uma maior facilidade para lidar no dia a dia com todas as suas tarefas, conseguindo realizar as tarefas que você *precisa* fazer e as que você *gosta* de fazer.

Em segundo lugar, a partir do momento em que você administra melhor o seu tempo, você conseguirá reduzir o seu nível de estresse e fadiga, reduzir a frustração de não ter realizado tudo o que planejou para aquele dia, e, ao mesmo tempo, ganhar autoconfiança e atingir o sucesso – **concretização de seus projetos**.

Dessa forma, passaremos aqui algumas técnicas que, se corretamente aplicadas, o ajudarão a administrar melhor o seu tempo, fazendo com que sobre mais tempo para você, para que você se organize melhor e consiga alcançar o sucesso – **concretização de seus projetos**.

Parte II. Tempo. Ganhar e perder.

A capacidade que nós temos de perder muito tempo, é a mesma de ganhar muito tempo.

Assim, ganhar e perder são as duas faces da mesma moeda.

É princípio de vida que, se alguém vai ganhar algo, outro alguém vai ter que perder, afinal de contas os recursos da vida são finitos. Isso é matemático.

Você poderia pensar que isso, a princípio, se aplica ao tempo. Sim, porque se, como dissemos anteriormente, o tempo

53

é finito, para que eu ganhe mais tempo, alguém terá que perder esse tempo.

Errado! Esse princípio não se aplica à administração do tempo.

Uma boa administração de tempo não precisa ser conquistada com base na supressão do tempo de ninguém. Ao contrário. Basta que você elimine os fatores que lhe fazem perder tempo.

São nas pequenas tarefas que desperdiçamos uma grande quantidade de tempo.

A verdade é que tempo ninguém tem, tempo se faz. E quanto mais tarefas se faz, mais tempo se consegue.

Quer que uma tarefa seja feita de forma eficaz e objetiva? Dê para alguém que não tenha tempo, que será feito mais rápido do que você imagina.

E por que uma pessoa que realiza tantas tarefas diárias consegue fabricar mais tempo ainda para ela?

Porque essa pessoa sabe como administrar o seu tempo.

"Falta de tempo é desculpa daqueles que perdem tempo por falta de métodos" (Albert Einstein).

Se como dissemos anteriormente, ganhar e perder tempo são as duas faces da mesma moeda, vamos identificar neste livro os fatores que lhe fazem perder tempo e procurar saná-los.

Mas antes de iniciarmos, pedimos que responda quais das afirmativas abaixo se aplicam a você:
1. *Gostaria de ter mais de 24 horas no dia.*
2. *Não consigo planejar o meu tempo adequadamente.*
3. *Tenho tendência a adiar algumas tarefas.*
4. *Algumas tarefas eu não sei por onde começar.*
5. *Tenho problemas com procrastinação de tarefas.*
6. *Dou muita atenção ao que não é importante e não cumpro o que é importante.*

7. *Gostaria de ser mais ágil para tomar decisões.*
8. *Esqueço as informações que leio com facilidade.*
9. *Sou incomodado com interrupções indesejadas.*
10. *Meus dias passam e eu não consigo realizar as minhas tarefas necessárias.*
11. *Meus dias parecem voar sem que eu realize muita coisa.*
12. *Não consigo falar com todos os que me procuraram (pessoalmente ou por telefone).*
13. *Não consigo estimar quanto tempo cada tarefa vai durar.*

Se você se identificou com algumas das afirmações acima, isso significa que você é absolutamente normal, como qualquer ser humano. Essas dificuldades são comuns a todos os indivíduos. Mas a boa notícia é que podemos melhorar.

Na terceira parte, passaremos algumas dicas e técnicas de administração de tempo.

Parte III. Dicas de administração de tempo.

1. *Estabeleça prioridades.*
2. *Planeje o seu dia.*
3. *Selecione o seu horário.*
4. *Concentre-se em apenas uma tarefa.*
5. *Internet e Redes Sociais (Orkut, Facebook, MSN, Twitter).*
6. *Comunique-se melhor.*
7. *Abrevie ou evite interrupções.*
8. *Ouça as aulas.*
9. *No Fórum, comece pelos locais situados no mesmo andar.*
10. *Almoce perto do seu local de trabalho.*
11. *Converse de forma organizada com o seu chefe.*
12. *Concentre as tarefas extras ao estudo em apenas um dia.*

1. ESTABELEÇA PRIORIDADES.

A vida multifacetada nos impõe o encargo de concretizar uma gama de tarefas que, muitas vezes, parecem que precisam ser realizadas ao mesmo tempo. E o que é pior: as pessoas tentam realizá-las ao mesmo tempo.

Nasce daí a grande frustração de não ter conseguido, naquele dia, dar conta de todas as tarefas.

É muito comum as pessoas darem muita atenção ao que não é importante e não conseguirem cumprir o que é importante. É, também, muito comum as pessoas não conseguirem realizar as tarefas necessárias durante o dia.

Em nossos seminários e palestras, uma das grandes reclamações dos participantes é justamente essa, no sentido de que os dias parecem voar sem que a pessoa realize muitas coisas. Isso acontece com você?

Imagine se você conseguisse dar conta de todas as tarefas diárias. Certamente, isso eliminaria o estresse, a fadiga e a ansiedade. Você conseguiria dar conta de todos os seus afazeres com eficácia, tranquilidade e sem a ansiedade que corrói o ser humano por dentro.

Dica para solucionar esse problema: Estabeleça prioridades.

Como dito acima, a vida multifacetada nos impõe o encargo de concretizar uma gama de tarefas que, muitas vezes, parecem que precisam ser realizadas ao mesmo tempo. Não tente realizar todas as tarefas ao mesmo tempo, simplesmente porque não é necessário.

As prioridades são definidas a cada dia ou semana. Coloque as prioridades urgentes e importantes em um papel.

Tenha em mãos uma agenda (pode ser pequena). Coloque nessa agenda todas as tarefas que deverão ser realizadas naquele dia. Com isso, você terá uma *concentração de informações* e evitará gravar as informações em vários lugares diferentes.

Distinga o importante do urgente.

Pronto! Você passou para o papel todas as suas tarefas diárias e distinguiu o urgente do importante. Agora, comece a realizar as tarefas da sua lista pelas tarefas urgentes. Mas o que é urgente? Urgente é a tarefa que deve ser realizada naquele dia.

Assim, você dará conta das tarefas urgentes, cumprindo todos os seus compromissos daquele dia, conseguindo mais tempo para você e para realizas mais tarefas. Além disso, você não deixará pendências para o dia seguinte.

Com isso, você ganhará mais tempo. Mais tempo, mais estudo.

Por exemplo: você está em casa estudando e precisa ir ao mercado. Ir ao mercado é importante, mas não é urgente. Você está estudando e precisa pagar uma conta no banco que vence naquele dia. Pagar a conta no banco é urgente. Você está estudando e precisa fazer a inscrição na prova da OAB. Se ainda há tempo para se inscrever, essa tarefa é importante, mas não é urgente. Entretanto, se aquele dia foi o último dia de inscrição, ela será urgente.

2. PLANEJE O SEU DIA.

Com tantas tarefas que a vida nos impõe, às vezes fica difícil se lembrar de todas elas.

É muito comum em palestras e seminários do ITC os participantes reclamarem dizendo que se acham desorganizados e não conseguem se lembrar de todas as tarefas que devem cumprir durante o dia.

Quem administra mal o seu tempo, geralmente perde, em média, uma hora, logo no início do dia, tentando definir o que terá que fazer naquele dia.

57

As pessoas reclamam muito da ansiedade, falta de sono, sono leve, preocupação etc. É comum as pessoas voltarem para as suas casas, ao final do dia, já preocupadas e ansiosas com as tarefas a serem realizadas no dia seguinte. Pode não parecer, mas isso faz com que a pessoa durma mal, tenha um sono leve durante a noite, acorde durante a noite pensando nisso, tome o café da manhã pensando nisso etc. Percebam quantos fatores ruins isso podem trazer ao ser humano.

As pessoas têm uma tendência a serem desorganizadas mesmo. É comum as pessoas não conseguirem planejar o dia adequadamente ou então não saberem por onde começar. E o que é pior: esquecem de cumprir algumas tarefas.

Isso acontece com você?

Pare agora e reflita um pouco se não seria bom se você conseguisse ter um dia planejado, organizado, estabelecendo a ordem das tarefas, com prazos suficientes para cada tarefa. Você conseguiria ter um dia organizado, sem atropelos.

Dica para solucionar esse problema: Planeje o seu dia.

O momento para planejar o dia não é a primeira hora da manhã, e sim o final do dia anterior. Isso leva apenas 15 minutos.

Elabore um *check list* com as tarefas a serem cumpridas no dia seguinte. Anote TUDO no *check list*.

Isso evita PREOCUPAÇÃO (pré ocupação = ocupar-se com algo previamente).

Evita, também, que você perca aquela primeira hora do dia pensando no que terá que fazer.

Com isso, você ganhará mais tempo. Mais tempo, mais estudo.

Elaborar um *check list* significa anotar o futuro, para não se ocupar naquele momento com o que ainda acontecerá amanhã.

Isso ajudará a definir o que é importante e o que é urgente, conforme o tópico anterior; evitará ansiedade, pois toda aquela

58

ansiedade será transferida para o papel; você não voltará para casa preocupado em não esquecer aquilo no dia seguinte; evitará a perda de tempo na primeira hora do dia seguinte pensando no que tem que fazer e por onde começar e, por fim, lhe garantirá um sono melhor, uma vez que você não irá dormir pensando no dia seguinte (esvazia a cabeça para dormir tranquilo).

3. SELECIONE O SEU HORÁRIO.

Selecionar o horário é uma grande ferramenta para a eliminação de fatores internos que nos fazem perder uma boa parte do tempo.

Com efeito, todos nós temos uma coisa chamada *relógio biológico*. Ele é o grande responsável por regular o sono, o cansaço, a concentração, a atenção etc.

Não é raro o aluno que vai fazer a prova da OAB trabalhar ou estagiar em algum órgão público ou escritório de advocacia. Com isso, o seu tempo fica mais curto. Para tentar evitar a falta de estudo, o aluno começa a estudar de madrugada ou acorda mais cedo para estudar.

Podemos apostar que você, durante a faculdade, alguma vez na vida já começou a estudar depois que chegou em casa, já tarde da noite e foi até cerca de 2 horas da manhã do dia seguinte, tendo que acordar às 6 horas porque tinha uma prova importante. Isso o fez dormir pouco e ir para a prova cansado, com sono e o que é pior: desconcentrado. Acertamos?

Estudar de madrugada tem um efeito devastador. No dia seguinte, a pessoa se sente a pessoa mais fraca do mundo. Fica com sono o dia inteiro, com o pensamento mais devagar, com a atenção desviada a todo o momento, com dificuldade de concentração etc.

Isso acontece com você?

Imagine se você conseguisse trabalhar e estudar para a prova da OAB sem ter que estudar durante a madrugada. Você eliminaria todos aqueles fatores acima citados, como falta de concentração, falta de atenção, pensamento lento etc.

Nas palestras e seminários do ITC, uma das campeãs de reclamações é a *falta de concentração*.

Dica para solucionar esse problema:
Selecione o seu horário e estudo.

Em primeiro lugar, você precisa entender que possui um relógio biológico "implantado" em você há mais de 20 anos e que você não conseguirá reajustá-lo para a prova da OAB. Portanto, não brigue com ele. Entenda que não é ele que tem que se adaptar a você, mas, ao contrário, é você que tem que se adaptar a ele.

Por isso afirmamos que existem pessoas *noturnas* e *diurnas*.

Pessoas *noturnas* são aquelas que têm mais concentração e mais disposição para estudar à noite. Já as pessoas *diurnas* são aquelas que têm essa facilidade durante o dia. Frise-se que não há certo, nem errado. É uma questão puramente de relógio biológico.

Selecione as horas boas e ruins no seu dia. Dedique as horas boas ao estudo e as horas ruins, às demais tarefas.

Com isso, você ganhará mais tempo. Mais tempo, mais estudo.

Se você consegue se concentrar melhor no período da noite, você é uma *pessoa noturna*. Então, é durante a noite que você vai se dedicar aos estudos. Lembrando que noite não é madrugada, certo?

De outro giro, se você consegue se concentrar melhor no período da manhã, você é uma *pessoa diurna* e deverá se dedicar aos estudos nesse período.

Assim, o seu estudo renderá muito mais.

4. CONCENTRE-SE EM APENAS UMA TAREFA.

Como dito anteriormente, a vida atual nos impõe uma gama tão grande de tarefas diárias que temos a impressão que todas devem ser cumpridas ao menos tempo ou que não dará tempo de cumprir todas elas.

As pessoas acabam perdidas, pulando de tarefa em tarefa. É muito comum iniciarmos uma tarefa e, antes de completá-la, iniciarmos outra. E quando nos damos conta, as duas tarefas estão inacabadas, ou seja, pendentes.

Após algum tempo, a pessoa está com várias tarefas pendentes ao mesmo tempo. Parece que a sua vida gira em torno de uma grande pendência que parece nunca acabar.

O resultado disso é que não conseguimos terminar nenhuma das duas tarefas. E isso nos gera ansiedade e aumenta o grau de estresse. Nasce uma cobrança interna e, ao mesmo tempo, uma rejeição em relação àquelas tarefas. Não sentimos motivação para terminar nenhuma das duas.

Em nossas palestras, muitos participantes reclamam que sofrem do mal *"começa/para, começa/para"*.

Além disso, a chance de cometer erros e confusões é grande. Isso também acontece com você?

Isso ocorre porque o ser humano tem o desejo de novidade. Está sempre buscando algo novo.

Imagine se você conseguisse iniciar uma tarefa de cada vez e, também, terminar cada uma delas, de forma organizada e sistemática, sem que deixe nenhuma tarefa pendente.

Isso certamente reduziria muito a sua perda de tempo e a ansiedade pelas tarefas inacabadas.

Dica para solucionar esse problema:
Concentre-se em apenas uma tarefa.

Faça uma coisa de cada vez. Ao começar uma tarefa, fique somente nela e a conclua. Isso evita o processo "começa/para, começa/para". As pessoas bem sucedidas fazem uma coisa de cada vez. Mantenha o seu foco e a sua energia, naquele momento, em apenas uma tarefa. Isso lhe permitirá um maior poder de concentração, foco e rapidez na conclusão da tarefa. Além disso, reduzirá as chances de se cometer erros. Com isso, você ganhará mais tempo. Mais tempo, mais estudo.

Portanto:

1. Se você começou a resumir um capítulo do livro, termine o capítulo.

2. Se você começou a ler o capítulo sobre "Contrato de compra e venda" no Código Civil, termine de ler o capítulo da lei. Só então vá para o livro ou o caderno.

3. Se você começou a responder os seus e-mails, termine de respondê-los. Não interrompa para ir estudar para depois voltar a responder os demais e-mails.

4. Jamais estude com o e-mail aberto. Você não focará em nenhuma das tarefas.

5. Esqueça o telefone celular durante a aula (salvo ligações urgentes). Aquele segundo que você perde de aula para olhar o celular, atendê-lo ou enviar um torpedo, faz muita diferença no encadeamento lógico do seu raciocínio. Você acaba se atrapalhando sem querer e sem perceber.

6. Não tente acompanhar a aula com um livro daquela matéria aberto no seu colo. Aula é aula. Leitura é leitura. Você não consegue ler o livro, nem prestar atenção na aula, nem anotar a matéria no caderno. Resultado: perda de tempo e de foco.

Ademais, pode ser que o professor não siga o mesmo roteiro da matéria que o autor segue no livro, fazendo com que você fique perdido na matéria. Resultado: você vai sair da aula com mais dúvidas do que entrou.

7. No intervalo, saia da sala. Esse movimento de sair da sala e retornar é importante para você relaxar, despertar e mudar de ambiente. Não aproveite o intervalo da aula para dormir, porque senão é capaz de você pegar no sono na hora de recomeçar a aula. E você recomeçará a aula com muito sono, sem nenhuma atenção e sem foco naquela aula.

8. Não estude durante o momento de lazer. Não leve livros para praia, viagem, parque etc. Momento de estudo é momento de estudo. Momento de lazer é momento de lazer. Lembre-se, faça uma coisa de cada vez. Tudo no seu tempo. Ademais, na praia, debaixo do sol quente, com calor no corpo e pessoas falando ao redor, ou em um parque ou na viagem, você poderá não obter a concentração necessária que um estudo exige. É bem verdade que você conseguirá ler o livro. Entretanto, não o estudará. Ler e estudar são coisas muito diferentes. E não se culpe por não estar estudando naquele momento.

Tudo é uma questão de organização, programação, planejamento e tempo.

5. INTERNET E REDES SOCIAIS (Orkut, Facebook, MSN, Twitter).

A vida atual é inimaginável sem a Internet, certo?

Chegamos ao ponto de evolução de efetivar o pagamento de contas bancárias pela Internet. Isso é muito bom e faz parte da evolução mundial. Ninguém duvida que a internet facilita demais as nossas vidas. Isso é certo.

Sucede que a Internet constitui um grande fator de desperdício de tempo. Não é raro as pessoas estudarem ou trabalharem com o *e-mail* aberto. Não é raro, também, as pessoas a todo o momento apertarem a tecla F5 (comando de atualização no teclado), para verificar se chegou algum *e-mail* novo.

E o que é pior: as pessoas quase nunca abrem apenas a página do *e-mail*. Elas abrem, também, outras páginas (redes sociais). Quando isso acontece, pronto! Agora você acabou de entrar em um labirinto e você não encontrará a saída tão cedo.

Pesquisas demonstram que se perde muito tempo com *e-mails*. As pessoas perdem de 5 a 10 segundos pensando se vão responder, arquivar ou apagar os *e-mails*. E, depois desse tempo, pode acontecer de a pessoa não praticar nenhuma das três ações, isto é, não responder, não arquivar e nem apagar. Simplesmente, deixa o *e-mail* na caixa de entrada.

Resultado: perda de tempo.

Neste tópico, ousaremos não perguntar, mas, sim, afirmar: isso acontece com você!

Imagine se você conseguisse usar a Internet de forma moderada e de forma que não atrapalhe o seu dia a dia. Certamente, você daria à Internet a sua real função, qual seja: ajudar e, não, atrapalhar a sua vida.

Detestamos ter que te dizer isso, mas **ou você controla a Internet ou ela vai te controlar.**

Dica para solucionar esse problema:
Veja os seus *e-mails* de uma a duas vezes por dia.

O ideal:
1. *Quem trabalha, verificar duas vezes por dia.*
2. *Quem não trabalha, uma vez por dia.*

Agora você deve estar se perguntando: mas que horas deverei ver os meus *e-mails*? A resposta é: depende.

Se você trabalha, selecione os dois momentos nos quais terá tempo para isso. Por que não antes do almoço e no fim do expediente? Se você não trabalha, veja os seus *e-mails* à noite. Com isso, você conseguirá ver todos os *e-mails* daquele dia.

Também na caixa de *e-mails*, você poderá separar os *e-mails* urgentes dos importantes. Os urgentes, responda naquele dia; os não urgentes, responda no fim de semana. Com isso, você reduzirá o tempo que fica vendo os seus *e-mails* durante a semana e lhe sobrará mais tempo. Mais tempo, mais estudo.

Antes de começar a escrever, defina o propósito de seus *e-mails*. Coloque o assunto adequado. Jamais mande um *e-mails* sem assunto. No espaço *assunto* coloque uma frase, ao invés de uma palavra. Uma frase que identifique o propósito daquele *e-mail*.

No texto do email, procure escrever mensagens curtas. Não há necessidade de se começar um *e-mail* com:
"Olá Gabriel,
Tudo bem?
Quanto tempo?
Eu estou bem!
Espero que você esteja bem também!"

Notem o tempo que se perde para escrever tudo isso. Agora imagine se formos escrever essa introdução em vários *e-mails* por dia.

A assinatura do *e-mail*. Na sua conta de *e-mails*, vá até o ícone *configurações* (ou o correspondente) e crie uma assinatura padrão, incluindo: *a despedida, o nome, e, se for o caso, telefone com ramal e endereço*. Por exemplo:

65

"Att,

Gabriel Habib.

Defensoria Pública da União.

Rua da Alfândega, 70, 7º andar.

Centro/RJ.

Tel. (21) xxxx-xxxx.

Ramal. xxx."

Imagine se fôssemos escrever toda esta despedida em cada *e-mail* que enviamos? Portanto, crie uma assinatura padrão, que já estará presente em todas as mensagens por você enviadas. Com isso, você ganhará mais tempo. Mais tempo, mais estudo.

6. COMUNIQUE-SE MELHOR.

Há pouco mais de cerca de 20 anos, a comunicação entre as pessoas, se não fosse pessoalmente, ou por carta via correio, somente era feita por telefone fixo. A telefonia celular ainda não tinha chegado no Brasil.

Atualmente, existem várias formas de comunicação entre as pessoas, como o telefone fixo, o telefone celular, *e-mail*, mensagem SMS, redes sociais, carta via correio etc.

O grande problema da comunicação via telefone é o tempo que se perde. Não é raro telefonar para alguém e o destinatário não atende. Muitas vezes, precisamos de uma informação de forma rápida e a pessoa não atende ao telefone.

Não é raro, também, alguém telefonar para você e desligar porque você demorou a atender, e, quando você liga de volta para a pessoa (logo em seguida), ela não atende. Perde-se muito tempo com isso.

É comum telefonar para a pessoa pedindo uma informação e ela não ter para dar a informação que você precisa naquele momento.

E o que é pior: você telefone para alguém, para tratar de um assunto curto e rápido, e a pessoa emenda dois ou três assuntos que não são interessantes naquele momento. Mais uma vez, grande perda de tempo. A pessoa, sem querer, atrapalha e tira o seu tempo.

Isso acontece com você?

Imagine se você conseguisse se comunicar com as pessoas sem precisar perder tempo com isso. Os meios de comunicação devem ser nossos aliados e, não nossos inimigos que nos tiram o tempo.

Dica para solucionar esse problema: Comunique-se melhor.

Existem duas formas de comunicação com as pessoas: a *comunicação síncrona ou bilateral* e a *comunicação assíncrona ou unilateral*. Vejamos o que significa cada uma delas.

Comunicação síncrona ou *bilateral*: é a forma de comunicação que exige a disponibilidade, *naquele momento*, da outra pessoa com quem se quer manter a comunicação.

Comunicação assíncrona ou *unilateral*: **não** exige a disponibilidade, *naquele momento,* da outra pessoa com quem se quer manter a comunicação.

Já está comprovado (e mesmo que não estivesse, o dia a dia demonstra isso) que a comunicação *assíncrona* ou *unilateral* é muito mais eficaz e nos faz perder menos tempo.

São grandes exemplos de *comunicação assíncrona ou unilateral* o *e-mail* e as *mensagens SMS*.

Assim, ao se comunicar com alguém, se puder manter uma *comunicação assíncrona ou unilateral,* dê preferência a ela. Se você precisar dar um aviso ou um recado, mande um *e-mail* ou um torpedo.

Além do mais, se você precisar falar com alguém para obter uma informação e esse alguém não atender ao telefone, ou, se atendê-lo, não tiver a informação para te dar naquele momento, você não ficará esperando a resposta, ocupado com isso. Quando a pessoa te responder o *e-mail* ou a mensagem SMS, ela já o fará com a resposta, isso é, com a informação que você precisa. Com isso, você ganhará mais tempo. Mais tempo, mais estudo.

É claro, se for uma hipótese urgente, o ideal é telefonar mesmo, mas, se não for, dê preferência à *comunicação assíncrona ou unilateral*.

7. ABREVIE OU EVITE INTERRUPÇÕES.

É impressionante como, às vezes, as pessoas têm a capacidade de nos atrapalhar, não é verdade?

Elas não se preocupam em saber se estamos ocupados, concentrados ou realizando uma tarefa difícil. Não. Realmente não. Elas apenas querem que nós paremos o que estamos fazendo, lhe demos atenção e atendamos ao seu pedido.

Ao sermos interrompidos, perdemos a concentração e o foco naquilo que estamos fazendo, e isso fará com que aquela tarefa leve mais tempo para ser cumprida do que o inicialmente planejado.

Em palestras e seminários realizados pelo ITC, esse é um dos grandes fatores externos de perda de tempo, segundo os participantes.

É claro, há pessoas que vão te interromper e você não tem como evitar, como o seu chefe. Mas, em relação às demais pessoas, é fora de dúvida que isso nos atrapalha bastante.

68

Mas não são apenas as pessoas. O telefone celular também é um grande fator externo de interrupção.

Isso acontece com você?

Imagine se você conseguisse realizar as suas tarefas sem ninguém para te interromper ou atrapalhar. Podemos lhe garantir que as suas tarefas seriam cumpridas de forma mais rápida e com maior eficácia.

Com isso, você ganharia mais tempo. Mais tempo, mais estudo.

Dica para solucionar esse problema:
Abrevie ou evite interrupções.

Como evitar interrupções? Como se livrar das pessoas inconvenientes?

O primeiro passo é identificar a origem das interrupções. Assim, durante uma semana, anote a origem de tudo o que te atrapalha, tudo o que te faz parar o que está fazendo. Pronto! Você acabou de identificar de onde vem a sua interrupção que tanto te atrapalha. A partir disso, você já poderá tentar evitar ou sanar esse fator externo de interrupção.

Assim, por exemplo, se alguém vier à sua sala para conversar com você em um momento indesejado, fique em pé durante todo o assunto. Se você receber a pessoa em sua sala e se sentar, aquilo soará como um convite para a pessoa sentar também. E, se ela também se sentar, o assunto se prolongará mais e você perderá mais tempo. Ou melhor, aquela pessoa lhe tomará mais tempo.

Há também aquela hipótese em que você precisa ir até alguém para falar algum assunto, mas não quer que essa pessoa lhe mantenha na sala dela. Nesse caso, a dica é ir falar com a pessoa momentos antes do almoço dela. Nesse caso, a pessoa é que não vai querer ficar conversando com você, pois estará de saída para almoçar.

Ainda nessa hipótese em que você precisa ir até alguém, após o cumprimento, já inicie o assunto dizendo que é rápido porque está com muitos afazeres e não quer tomar o tempo dela. Por exemplo: "Bom dia, Fulano. Eu vim aqui tratar do assunto x, mas é bem rapidinho, porque eu estou muito atarefado hoje e não queria, também, tomar o seu tempo." Isso ajudará bastante. Existem pessoas que são repetitivas, certo? Esse tipo de pessoa acha que precisa falar a mesma coisa três vezes para que você entenda. Você conhece alguém assim? Certamente. Quando isso acontecer, na primeira vez que a pessoa tratar do assunto, diga a ela: "Ok, entendi." Se ela repetir (o que é provável que ocorra), diga: "Ok, isso eu já entendi." Se a pessoa insistir, diga: "Esse assunto eu já entendi. Qual era o segundo assunto mesmo?" Com isso, você demonstrará à pessoa repetitiva que aquilo que ela quer já foi entendido por você.

Outra dica é juntar as tarefas comuns e realizá-las de uma só vez. Pode acontecer que o seu fator de interrupção seja o telefone celular. Se o motivo da ligação não for urgente, não atenda. Mas anote que aquela pessoa ligou para você. Depois, quando tiver tempo disponível, retorne ligações não atendidas de uma só vez. O mesmo deve ser feito com os *e-mails*. Sobre os *e-mails*, ver o item 5.

8. OUÇA AS AULAS.

Sabemos que o tempo é escasso e que há muita matéria para estudar para a prova da OAB. E a verdade é que, querendo ou não, não dá tempo de estudar todas as matérias para a prova.

Assim, sempre somos tomados por um leve sentimento de desespero ao constatar que temos que estudar *muita coisa em pouco tempo*. Isso apenas gera insegurança no aluno, bem como aumenta os seus níveis de estresse e de fadiga.

Você se sente assim, ao constatar que é *muita matéria para pouco tempo?*

O ideal é que conseguíssemos dar conta de todas as matérias no tempo que existe. Não se engane, realmente não dá.

Mas podemos encontrar meios alternativos para estudar o máximo de matérias possível. O que o alunos precisa é de formas alternativas de estudar.

Dica para solucionar esse problema: **Ouça as aulas.**

As pessoas pensam que estudar é apenas ler o livro ou o caderno e se enganam por pensarem assim.

Estudar é muito mais do que isso. Por exemplo, se assistirmos à uma aula na televisão ou no Youtube, estamos estudando. Se ouvirmos uma gravação de uma aula qualquer, estamos estudando.

Então, por que não aproveitar o tempo para ouvir aulas? É muito comum os alunos possuírem aparelhos de gravação (MP3 ou MP4 etc.).

Esse aparelho é uma ferramenta poderosa para o estudo.

Portanto, passe a gravar as aulas da faculdade ou do curso. Pronto! Você tem um arquivo de aula. Procure fazer isso com todas as matérias. Em pouco tempo, você terá várias aulas gravadas no seu aparelho.

Agora, ficou mais simples estudar.

Ouça essas aulas gravadas no deslocamento de casa para o trabalho, do curso ou faculdade para casa. Ao invés de ficar cerca de uma hora na condução sem fazer nada, aproveite esse tempo vago para ouvir as aulas. Pronto, parabéns, você está estudando e acabou de fabricar tempo para isso!

Se você, por exemplo, leva uma hora da casa para o trabalho/curso/faculdade e uma hora para voltar para casa, você acabou de ganhar duas horas de estudo por dia.

71

Você também poderá ouvir as aulas na academia, na hora do almoço, quando for levar o cachorro para passear na rua, no seu carro durante o deslocamento, na fila do médico, na fila do banco, na academia etc.

Garantimos que, depois de um tempo, você já "cantará" a matéria juntamente com o professor, uma vez que aquela informação já estará no seu cérebro arquivada.

Como é que memorizamos as letras de músicas? Apenas ouvindo, não é isso? Ouvimos uma, duas ou três vezes e pronto, já memorizamos a letra. Com a aula se passa da mesma forma. A isso chamamos de memória auditiva, que é bastante eficaz.

E mais: ao ouvir determinada matéria, você não precisará dedicar muito tempo a ela quando for ler o seu material de estudo, abrindo espaço na sua grade de estudo para as demais matérias.

Com isso, você ganhará mais tempo. Mais tempo, mais estudo.

9. NO FÓRUM, COMECE PELOS LOCAIS SITUADOS NO MESMO ANDAR, PELOS ANDARES MAIS ALTOS.

Sempre vem à nossa mente a lembrança dos tempos de estágio, que tínhamos que visitar várias Varas Cíveis do Fórum, para verificar os andamentos dos processos. E eram várias. Às vezes, perdíamos uma tarde inteira dentro do Fórum. Mas nos conformávamos com isso. Afinal de contas, esse era o trabalho do estagiário mesmo.

Lembramos que ficávamos em um sobe e desce o tempo todo dentro do prédio do Fórum.

Talvez seja assim com você também. Afinal, você deve estagiar ou ter estagiado alguma vez na vida.

Até que um dia resolvemos tornar as coisas mais práticas.

Imagine se você conseguisse perder menos tempo no Fórum para verificar os andamentos dos processos. Ainda que isso lhe economizasse 30 minutos. Seriam 30 valiosos minutos.

Dica para solucionar esse problema: No Fórum, comece pelos locais situados no mesmo andar, pelos andares mais altos.

Para que a sua jornada forense diária seja otimizada, siga os seguintes passos:

1. *Elabore uma lista dos locais em que você precisará ir.*
2. *Concentre as visitas por andar. Isso lhe permitirá maior rapidez.*
3. *Agora, comece pelos andares mais altos do prédio do Fórum. Na medida em que você for terminando, irá descendo gradativamente pelo prédio. Ao final, estará terminando as suas visitas no andar térreo, pronto para ir embora.*

Garantimos que você terminará as suas visitas em menos tempo.

Com isso, você ganhará mais tempo. Mais tempo, mais estudo.

10. ALMOCE PERTO DO SEU LOCAL DE TRABALHO.

Pode parecer que não, mas perdemos uma boa quantidade de tempo indo e voltando do almoço, bem como na fila do restaurante.

Talvez você já tenha perdido um bom tempo caminhando pela rua, com outras pessoas, decidindo onde vão almoçar.

Outra constatação é que quanto mais pessoas foram almoçar, mais demorado é o almoço.

Provavelmente, você já saiu para almoçar com um grupo de pessoas e, ao chegar ao local, mudaram de ideia e foram a outro local. E com isso você perdeu mais tempo.

Sabemos que o momento da refeição é um momento calmo, que não pode ser corrido. Entretanto, podemos eliminar fatores que nos fazem perder tempo, concorda? Note que isso não significa almoçar com pressa, mas apenas otimizar o tempo na hora do almoço.

O ideal seria que você conseguisse almoçar em um local que te agradasse, mas perto do local de trabalho, sem perda de tempo.

Dica para solucionar esse problema:
Almoce perto do seu local de trabalho.

Costumamos dizer que o melhor restaurante é aquele que é perto do trabalho/estágio, que você levará menos de 5 minutos para chegar até ele. Talvez, com isso, você economize 10 minutos de deslocamento para um local não tão perto.

Se calcularmos o tempo perdido, teríamos perdido 10 minutos para ir até o restaurante, mais 10 minutos para voltar do restaurante. Só nesse deslocamento já se perderam 20 minutos. Isso significa a perda de 100 minutos por semana, ou seja, mais de uma hora e meia de estudo.

Encontre um local agradável perto do seu trabalho. Assim, você perderá menos tempo no almoço e começará as suas tarefas mais cedo. Consequentemente, você as terminará mais cedo, sobrando tempo para estudar.

Com isso, você ganhará mais tempo. Mais tempo, mais estudo.

11. CONVERSE DE FORMA ORGANIZADA COM O SEU CHEFE.

Depois de um dia de tarefas cumpridas, é necessário passar tudo para o seu chefe no estágio. Pode acontecer que essa conversa se prolongue além do necessário, por falha de comunicação. Ou então, precise ir até ele pela segunda vez, porque se esqueceu de lhe passar uma informação importante.

Talvez isso já tenha acontecido com você.

Não seria ideal que você fosse falar com o seu chefe apenas uma vez, e, nessa única vez, lembrasse de tudo o que tem a ser dito?

Dica para solucionar esse problema:
Converse de forma organizada com o seu chefe.

Quando você for falar com o seu chefe, elabore uma lista de assuntos, com os detalhes a serem passados durante a conversa.

Isso lhe garantirá uma maior efetividade, fará com que você não esqueça nada e, se você vai passar todas as informações necessárias para ele, isso significa que você somente falará sobre esse assunto uma vez ao dia. A não ser que ele o chame, mas aí não será culpa sua.

Com isso, você ganhará mais tempo. Mais tempo, mais estudo.

12. CONCENTRE AS TAREFAS EXTRA ESTUDO EM APENAS UM DIA.

Como dissemos acima, o tempo é escasso, há muita matéria para estudar para a prova da OAB e, querendo ou não, não dá tempo de estudar todas as matérias para a prova. Isso nos gera um sentimento de desespero, insegurança e só aumenta o nível de estresse e de fadiga.

Não bastasse isso, ainda temos tarefas extras ao estudo a serem cumpridas, ou seja, tarefas que não têm nenhuma relação com a prova da OAB.

Essas tarefas extras ao estudo fazem parte do cotidiano, mas atrapalham, uma vez que geralmente nós interrompemos algo que estamos fazendo para cumpri-las e tiram o nosso foco. Podemos citar como exemplos dessas tarefas ir ao médico, fazer um exame, levar um documento em algum lugar, ir ao banco, ir ao mercado, devolver o DVD na locadora, buscar um documento, visitar alguém que está doente, estar em casa para receber alguém que vá consertar, por exemplo, a linha telefônica, estar em casa para receber uma compra pela Internet, ir ao shopping comprar um presente, devolver o livro na biblioteca da faculdade, levar a mãe no médico, levar o carro para fazer vistoria, ir a algum órgão público (Detran) etc.

Bom, se você é uma pessoa normal, certamente se identificou com algumas dessas tarefas e constatou que elas realmente nos fazem perder tempo. Sabemos que elas existem e sempre existirão, o que dá a elas o tom de inevitáveis. Mas tudo bem. Embora não possamos nos livrar delas, podemos eliminar os fatores que nos fazem perder tempo com elas e otimizar o nosso tempo, certo?

Não seria bem mais eficaz concentrar as tarefas extras ao estudo o máximo possível e para cumpri-las em apenas um dia?

Dica para solucionar esse problema:
Concentre as tarefas extra estudo em apenas um dia.

Quando cumprir as tarefas extras ao estudo?

Recomendamos que você deixe para cumpri-las na sexta-feira. Pesquisas comprovam que sexta-feira é o dia menos produtivo do ser humano. Basta reparar que o tráfego de automóveis fica pior na sexta-feira. As pessoas estão mais cansadas da semana inteira e o rendimento, certamente, não é igual. Acompanhando a natureza das coisas, o seu rendimento nos estudos também fica menos produtivo.

Com isso, evitaremos que você perca uma ou duas horas de cada dia. Nós, do ITC, preferimos que você perca uma tarde ou uma manhã a perder uma ou duas horas de cada um de seus dias, o que certamente te tira o foco do estudo, fazendo com que você perca tempo.

Com isso, você ganhará mais tempo. Mais tempo, mais estudo.

Parte V
Como obter: relaxamento, atenção e concentração

Relaxamento, atenção e concentração

Parte I. Introdução.

A tríade (Relaxamento, Atenção e Concentração) compõe uma das etapas iniciais e imprescindíveis para a realização de uma atividade intelectual eficiente e madura.

Por conta da tênue relação entre esses estados, preferimos concentrar os três pontos de forma ordenada e sistêmica.

RELAXAMENTO **ATENÇÃO** **CONCENTRAÇÃO**

O estado de relaxamento é o primeiro passo para a realização de qualquer atividade intelectual.

O psicólogo e educador búlgaro, Georgi Lozanov, pai da Sugestopedia, através de estudos devidamente comprovados pela Unesco, na década de 1970, acelerou o movimento de aprendizado no ocidente, baseando-se, dentre outras técnicas, no controle da respiração, na visualização e no biofeedback.

Em seus estudos, Georgi descobriu que há um estado mental ideal para a aprendizagem, em que há uma maior apreensão do material estudado em um menor espaço de tempo. É o chamado **estado de vigília relaxada**. E para que se alcance esse estado mental, o cérebro tem que operar na faixa de 8 a 12 ciclos por segundo. É o chamado "estado alfa".

Assim, é importante que você aprenda e pratique alguns exercícios de relaxamento, para que atinja o mais rapidamente possível esse estado mental ideal. Você verá que o relaxamento em alerta lhe dotará não só de uma maior capacidade de retenção, como também de um maior controle emocional nos momentos de crise, como o de uma prova, por exemplo.

A atenção é definida por Michel e Françoise de Gauquelin, em seu ***dicionário de psicologia***, como um *"estado de vigilância do espírito. A atividade mental concentra-se sobre determinado objeto. O valor intelectual de um homem mede-se pela intensidade e continuidade de sua atenção"*. (GAUQUELIN, M., GAUQUELIN, F. *Dicionário de Psicologia*. Lisboa/São Paulo: Verbo, 1987).

Assim, verificamos que a atenção é fundamental para qualquer atividade intelectual, seja no simples ato de estudar, seja no de realizar uma prova, como o exame da Ordem dos Advogados do Brasil.

Portanto, é muito importante que você aguce a sua percepção; que tenha a real noção do campo a ser explorado e de seus obstáculos e armadilhas. Para isso, traremos alguns exercícios que deverão ser praticados.

A **concentração**, como já dizia o filósofo austríaco Stefen Zweig, *"é o eterno segredo de qualquer realização mortal"*. Pela afirmativa, já dá para termos a noção da importância da concentração em nossas atividades, sejam elas intelectuais, sejam físicas.

Em síntese, concentrar-se seria dispensar a atenção a somente um foco, um ponto, uma tarefa e eliminar as distrações, tanto as internas, quanto as externas.

Portanto, a concentração é uma etapa posterior à atenção, em que esta é direcionada a determinado foco.

Assim, explicaremos com maiores detalhes qual o objetivo imediato da concentração, bem como apresentaremos a você alguns exercícios que serão de muita valia para os estudos e provas.

Parte II. Tensão, Ansiedade e Dispersão.

Nos seminários e cursos ministrados pelo ITC, nos primeiros dias, os participantes demonstram claramente um estado de tensão e ansiedade em níveis alarmantes. Os alunos não percebem, mas, por conta de seus estados, eles mal conseguem ouvir o que os outros dizem, seja pelo grande número de perguntas e dúvidas que desejam expor, seja pela vontade desmedida de fazerem cessar esse estado de nervos.

E isso é totalmente compreensível, uma vez que a maioria de nossas turmas é composta por alunos que almejam passar em concursos públicos e por outros muitos que desejam passar na prova da OAB, hoje equiparada a um verdadeiro concurso público, com todas as dificuldades que lhe são peculiares.

Diante desse cenário, estrategicamente, o ITC ministra as técnicas e os exercícios de relaxamento, concentração e atenção logo nas primeiras aulas, a fim de que os participantes possam aproveitar as aulas posteriores no nível máximo de suas capacidades mentais, de forma serena e focada.

Mas antes de iniciarmos as explicações, pedimos que responda quais as alternativas que se aplicam a você:

1. Não consigo controlar a minha ansiedade, sou uma pessoa muito nervosa.
2. Não consigo estudar direito, pois a minha casa é muito barulhenta.
3. Tenho problemas para me concentrar, eu me disperso muito facilmente, com tudo.
4. Para mim, estudar já é uma situação de tensão, por si só.
5. Não consigo prestar atenção nas coisas, quando menos espero, já estou com a cabeça nas nuvens, pensando em outra coisa.
6. Acho estudar um tédio e não consigo ficar estudando por muito tempo.
7. Tenho dificuldades em me concentrar ao estudar as matérias que eu não gosto.
8. Eu consigo estudar tranquilamente com o rádio, internet ou televisão ligada.
9. Com uma prova se aproximando, não tem como eu ficar relaxado (a).

Muito bem, se você se identificou com qualquer, ou com todas, assertiva, não se preocupe, pois esses são problemas comuns que rondam as vidas de vários outros estudantes como você. A boa notícia é que podemos melhorar (e muito) nesses aspectos.

Na terceira parte, passaremos a transmitir alguns conhecimentos prévios e vários exercícios e dicas, para que você possa alcançar um alto nível de relaxamento, atenção e concentração.

Parte III. Dicas e Exercícios.

1. RELAXAMENTO.

O estado de tensão e estresse pode ser causado pelos mais diversos motivos: discussões familiares, problemas no trabalho, no estágio, ou mesmo a própria situação de incerteza em que você se encontra, dentre outros males. Todos são foco desse mal que assola a maioria dos estudantes.

Contudo, você tem que ter a consciência de que os fatos (bons ou ruins) não param de acontecer. O que vai fazer com que você fique mais ou menos tenso e ansioso é a forma com que você encara esses acontecimentos. Se você encarar as adversidades com tensão, essa energia tomará conta do seu corpo e dificilmente você conseguirá resolvê-las da forma mais adequada. Agora, se você encará-las com serenidade, a ansiedade e o nervosismo não o(a) atingirão.

Portanto, os exercícios de relaxamento, além de lhe proporcionarem um estado físico e mental ideais para estudar, eliminarão ou diminuirão em níveis consideráveis a sua ansiedade e tensão, pois lhe trarão a serenidade necessária para que você enfrente com tranquilidade os seus novos e velhos desafios.

Alcançaremos o estado de relaxamento através de exercícios respiratórios.

Você já reparou que nos momentos de crise, como em um assalto ou mesmo um acidente automobilístico, por exemplo, mal conseguimos falar logo após o ocorrido? E nos momentos de nervosismo extremo, você já reparou como nos falta o ar e ficamos com uma respiração rápida e curta? Por que, geralmente, as pessoas perguntam se você quer beber água para se acalmar? É curioso como não paramos para valorizar os atos mais simples e importantes da vida, como a respiração! As pessoas que são tensas e ansiosas possuem um modo bastante peculiar de respiração: ela é pulmonar, curta e rápida. Experimente respirar dessa forma por uns 3 (três) minutos. O seu coração baterá mais acelerado, você ficará ofegante e em um estado de total desconforto. A razão de utilizarem a ingestão de água para acalmar aqueles que se encontram em um estado extremo de tensão se dá pela necessidade de regularização da respiração para o cumprimento dessa tarefa.

A maioria das pessoas respira de forma equivocada, inspiramos pelo nariz e expiramos pela boca, via pulmões. Algumas pessoas mantém a barriga encolhida, apertando-a continuamente, o que faz com que sejam utilizados somente os ombros e as cavidades das costelas para inflar e exalar o ar. Por conta dessa estrutura respiratória, o corpo não consegue acumular muito oxigênio e a respiração se torna mais curta e rápida (não se comparando à respiração em momentos de crise, onde esta fica ainda mais curta).

Nossa dica é justamente modificarmos a forma de respiração, tornando-a mais longa e compassada, profunda, relaxante e consciente. Para isso, é importante que você utilize a chamada **respiração diafragmática**.

O diafragma é um músculo estriado esquelético em forma de cúpula e principal responsável pela respiração humana (também é auxiliado pelos músculos intercostais e outros músculos acessórios).

Durante a inspiração, a cúpula diafragmática se contrai e desce, reduzindo a pressão intratorácica e comprimindo as vísceras abdominais. Esta manobra auxilia a entrada do ar nos pulmões e também a circulação sanguínea na veia cava inferior (que passa pelo forame da veia cava no diafragma). A descida do diafragma resulta também no aumento do diâmetro vertical do tórax.

Na expiração ocorre o processo inverso, o diafragma relaxa e sobe, aumentando a pressão intratorácica e expulsando o ar dos pulmões (http://pt.wikipedia.org/wiki/M%C3%BAsculo_ diafragma)

Em síntese, podemos perceber que a respiração diafragmática nos permite uma maior oxigenação em todo o corpo (inclusive no cérebro) e uma maior capacidade respiratória, a permitir uma respiração mais lenta e profunda. Um dos principais efeitos desse tipo de respiração é o retardamento da queima de oxigênio e desaceleração dos batimentos cardíacos.

Vejamos a respiração diafragmática na prática: fique de pé e coloque as duas mãos na cintura. Pois bem, o seu diafragma está localizado acerca de 5 dedos acima da cintura.

Pois bem, encha o seu diafragma de ar, o máximo que puder. Inspire pelo nariz e sinta o ar entrando pelas narinas e preenchendo o diafragma. Sua barriga se expandirá, sinal de que essa é a respiração correta a ser realizada. Segure o ar por um pequeno intervalo de tempo e expire suave e lentamente, também pelo nariz.

Faça esse exercício respiratório até que você já esteja conseguindo respirar pelo diafragma naturalmente.

Repare que com a simples mudança na frequência de sua respiração, já pairará uma tranquilidade maior em seu corpo.

Repare que a respiração diafragmática é magistralmente realizada pelos recém-nascidos. É verdade, os bebês respiram pelo diafragma. Basta que você observe como a barriguinha deles sobe e desce a cada respiração. Essa é a perfeição da natureza! Vamos ver dois exercícios distintos de relaxamento: um para você fazer em casa e outro em seu local de estudo ou antes da realização da prova.

Exercício 1: Em casa.

Esse exercício foi adaptado da prática ensinada pelo psicólogo francês, Pierre Weil, in *Estratégia de Relaxamento*:

1) Encontre um lugar silencioso e confortável. Deite-se, com braços e pernas um pouco afastadas do corpo.
2) Feche os olhos e comece a respirar de forma lenta e profunda, por três vezes e quando expirar, na terceira vez, solte o seu corpo. Deixe-o bem relaxado.
3) Enquanto você inspira lentamente, tensione os pés, depois as pernas, quadril, braços rosto, enfim, o corpo todo. Ao passar por cada parte, diga a si mesmo "Contrai, contrai, contrai" e em seguida, solte a parte do corpo contraída de uma vez só, deixando o corpo buscar naturalmente o relaxamento (faça isso por pelo menos 2 vezes).
4) Não se descuide da respiração diafragmática!
5) Após, imagine cada parte do seu corpo e sugestione-se mentalmente, dizendo: "agora o meu pé está relaxando" etc.
6) Haverá uma probabilidade muito grande de você dormir, ou mesmo de alcançar um estado meditativo, bastando que você comece a voltar a sua atenção para o ar que entra e sai de suas narinas.
7) Aproveite a prática, sem ansiedade. Curta o prazer e o relaxamento que ela lhe proporcionará.

Exercício 2: Em sala ou em prova.

O exercício a ser realizado antes da prova ou mesmo antes de começar a estudar é o mesmo utilizado na meditação:

1) Posicione-se confortavelmente na cadeira. Mantenha-se ereto, com as pernas um pouco afastadas e o dorso das mãos repousados sob suas coxas.
2) Feche os olhos e comece a respirar profunda e lentamente pelo diafragma.
3) Coloque toda a sua atenção para o ar entrando e saindo por suas narinas. Repare na temperatura do ar na inspiração e na expiração.
4) Vários temas passarão em sua mente. Visualize-os como se você fosse um terceiro, não "se prenda" a eles. Deixe-os passar, pois o seu foco principal é a sua respiração.
5) Imagine uma luz azul, um azul profundo e confortante. Não descuide da respiração.
6) Pratique o exercício por cerca de 5 (cinco) minutos e você estará pronto e relaxado para a sua prova, para os seus estudos.

Aproveitamos para alertá-lo do seguinte: em dia de prova, fuja da agitação, do clima de tensão e ansiedade que paira nos corredores do local da prova. Fique em sua sala, pratique os exercícios respiratórios e não se disperse conversando ou absorvendo o nervosismo alheio. A sua mente tem que estar tranquila, a atenção e a concentração afiadas, armas em punho para a batalha. Não desperdice as suas forças, pois você vai precisar delas em sua prova.

2. ATENÇÃO.

O maior problema com a atenção reside justamente na distração. Podemos classificar as causas de distração em duas espécies: a) distrações externas e b) distrações internas.

    a) *Distrações externas: são aquelas que não provêm do agente, mas sim de fatores alheios.*

b) *Distrações internas:* são aquelas que provêm do estado psíquico do agente.

No que diz respeito às distrações externas, muitos estudantes têm uma grande dificuldade para estudar e prestar atenção em seu material de estudos, justamente por estudarem em um ambiente muito ruidoso. O entra e sai de familiares, as conversas em voz alta, o toque do telefone, aparelhos eletrônicos em volume altíssimo etc. Todos são fatores muito comuns de subtração de atenção.

Outra grande causa externa de distração, por incrível que pareça, é a desorganização do ambiente e dos materiais de estudo. O incômodo visual de um ambiente desorganizado, sem dúvida alguma pode ser causa de distração. A constante procura por livros, cadernos e outros materiais de estudo, bem como a corriqueira "necessidade" do aluno de levantar para beber água ou realizar outras tarefas, sem dúvida alguma acaba desviando o seu foco de atenção.

Alguns indivíduos estudam com televisão ou rádio ligados. Porém, apesar de terem sido cientificamente comprovados os benefícios da música clássica, barroca etc. para o alcance de um estado ideal de relaxamento e de concentração, não aconselhamos que o estudo seja realizado assim, pois é necessário que o estudante se acostume com as mesmas condições que encontrará no momento da prova, ou seja, em total silêncio.

Dessa forma, a dica é: caso você não esteja conseguindo estudar em casa, por conta das inúmeras distrações, saia de casa e vá estudar em uma biblioteca ou mesmo em uma sala de estudos de um cursinho. O silêncio é fundamental para uma atenção acurada!

Quanto à distração interna, cremos que ela se dê principalmente pela ausência de conhecimento do estudante sobre o real objetivo da concentração e pela falta de treinamento. Mostraremos alguns exercícios, mais à frente, quando conjugaremos a atenção à concentração.

Porém, antes, é importante que salientemos a importância da atenção na aquisição de novos conhecimentos.

a) O Ciclo do Conhecimento.

Quando falamos em atenção, é importante que você conheça o *ciclo do conhecimento*, criado pelo ITC.

O CICLO DO CONHECIMENTO

Interesse   Atenção

Retenção

A dinâmica do ciclo do conhecimento é a seguinte: para a aquisição de um novo conhecimento, antes de tudo, deve haver o interesse pelo objeto de estudo, o que levará o aluno a dispensar maior atenção a ele (conforme o seu maior ou menor grau de interesse). E somente assim, com plena atenção, é que o aluno conseguirá reter a matéria.

Nas palestras do ITC, exemplificamos o ciclo do conhecimento, por meio de uma história:

Três amigas estavam em um barzinho quando, de repente, entrou um rapaz magro e feio e passou pela mesa delas. Quinze minutos depois, entrou outro rapaz no bar, este bonito e forte, arrancando suspiros. Se você perguntar às amigas sobre o primeiro rapaz, muito provavelmente elas nem tenham notado a sua passagem e pouco terão a dizer sobre ele.

Porém, se você perguntar às três amigas sobre o rapaz bonito que passou pela mesa delas, elas serão capazes de descrever o rapaz em seus mínimos detalhes, desde a altura até a marca das roupas que usava.

E mais, se as amigas encontrarem com esse rapaz um ano depois em qualquer outro lugar, muito provavelmente elas se lembrarão dele.

A história serve para fazermos um paralelo com os estudos. Por que as amigas não notaram o primeiro rapaz, o feio? Simplesmente porque não houve qualquer interesse nele por parte delas, o que as fez não prestarem muita atenção em sua passagem pela mesa.

De outro giro, elas conseguirão falar muita coisa acerca do rapaz bonito que passou, simplesmente porque ele despertou o interesse delas, o que demandou uma atenção maior por parte das amigas, bem como as possibilitou uma posterior lembrança do episódio.

Nos estudos acontece a mesma coisa. Há matérias que você não tem muita afinidade. Assim, ela não desperta em você muito interesse, o que faz com que você não dê a suficiente atenção àquela matéria.

Porém, isso é um erro!

No livro *Transformando o suor em ouro*, do grande técnico da seleção brasileira de vôlei, Bernardinho, ao ser indagado sobre como conseguia manter a motivação de um time que já ganhara todas as principais competições do mundo, o grande líder respondeu que só havia dois fatores que mantinham alguém motivado: a paixão e a necessidade.

Pois bem, trazendo isso para o campo do interesse, se não for pela paixão a lhe mover o interesse, que seja a necessidade! É necessário que você aprenda determinada matéria, que eventualmente você não goste ou que tenha grande dificuldade em aprender, para que você possa alcançar o seu objetivo. Entendemos que essa necessidade seja motivo o bastante para despertar o seu interesse pela matéria. Portanto, dê uma chance à matéria, pois ela poderá ser decisiva em sua aprovação.

b) Repare sempre no todo.

A mais correta atenção exige que você realize uma análise bastante aguçada de seu objeto de estudo, a ponto de conseguir identificar inclusive a parte da matéria que você está estudando dentro do todo e até mesmo o pano de fundo de determinada questão de prova.

Para tanto, é necessário que você se utilize da Gestalt, teoria da psicologia iniciada no final do século XIX na Áustria e na Alemanha que possibilitou o estudo da percepção. Essa escola teve o filósofo norte-americano, William James, como um grande influenciador, ao considerar que as pessoas não veem os objetos como pacotes formados por sensações, mas como uma unidade. A percepção do todo é maior que a soma das partes percebidas (http://pt.wikipedia.org/wiki/Gestalt).

Dessa forma, queremos que você, antes de tudo (tanto em seus estudos, como na hora de fazer a prova), tente enxergar o todo além das partes. Isso fará com que você desenvolva um senso de percepção maior e consiga enxergar pontos e questões muitas vezes imperceptíveis para alguns. A dica é: preocupe-se em compreender e reter bem o todo e posteriormente parta para o exame das partes.

Ao estudar, leia o índice do livro, localize todos os assuntos que serão abordados, do início ao fim, como por exemplo, em Direito Penal, Teoria do Crime: para que você comece estudar, é importante que você tenha a noção de que o conceito analítico de crime é ser ele um fato típico, ilícito e culpável. E daí você partirá para a análise de cada ponto referente a cada um desses elementos.

Em prova, não raras são as vezes que a questão traz datas completas (dia, mês e ano), a fim de induzir o aluno a pensar em determinados institutos do Direito, como a Prescrição. Quando na verdade o pano de fundo da questão é outro assunto e as datas serviram tão somente para desviar a atenção do candidato do instituto principal que a questão demanda.

Assim, leia a questão toda de uma vez, se possível por pelo menos três vezes. A partir da compreensão do todo, você conseguirá prestar atenção e localizar o assunto que realmente interessa para responder a questão.

c) Tipos de Atenção: Espontânea x Voluntária.

É importante que você tenha a noção desses dois tipos de atenção, pois é justamente nela que residem as deficiências. **A atenção espontânea ou involuntária** é aquela que independe totalmente de nossa vontade, como diz Robert Tocquet: "É um desfile de sensações, ideias, percepções e sentimentos." Um exemplo desse tipo de atenção é, quando ouvimos algum barulho, imediatamente nos virarmos para procurar a sua fonte.

Já a **atenção voluntária** é aquela que, como o próprio nome sugere, é guiada por nossa vontade. E é justamente esse tipo de atenção que devemos desenvolver, de modo a nos livrarmos de alguns "reflexos irresistíveis", frutos da atenção espontânea.

Para desenvolvermos a atenção voluntária é preciso que realizemos alguns exercícios bastante simples, mas igualmente eficazes, que veremos a seguir.

d) Exercícios de atenção.

Nos seminários e cursos do ITC, ensinamos que o desenvolvimento e controle da atenção voluntária pode ser realizado de duas formas:

1ª) *através de movimentos corporais lentos; e*
2ª) *através de exercícios rítmicos de respiração profunda.*

Portanto, passaremos alguns exercícios, que deverão ser praticados por você, até que encontre alguns que lhe sirvam perfeitamente e o ajudem a entrar no estado máximo de atenção em poucos minutos.

Exercício 1: Movimentos corporais lentos.

Os movimentos corporais lentos são verificados nas artes marciais, como o Tai Chi Chuan, o Karatê e o Kung Fu. Porém, não é preciso que você pratique nenhuma delas para exercitar movimentos corporais lentos. O seu dia a dia encontra-se permeado de vários movimentos corporais, você só não os faz de forma lenta, prestando atenção em cada movimento.

Então, esse vai ser o exercício: experimente escovar os dentes de forma lenta. Você deve reparar em todos os movimentos, desde o momento em que você retira o creme dental do lugar, na forma com que aperta o tubo, até nos movimentos circulares, enxágue da boca e fechamento da torneira. Cada movimento deve ter ser realizado lentamente e percebido em todos os seus detalhes.

Atenção: não aumente a velocidade dos movimentos e não deixe de reparar em cada um deles. Caso a sua atenção se disperse, pare e volte imediatamente ao último movimento. Não desista do exercício, seja paciente.

93

Outro exercício que você pode fazer é diminuir a velocidade com que você faz as suas refeições e passar a perceber sabores, sensações e também os movimentos que são feitos para que você leve o alimento à boca, o mastigue e o engula.

Muito bem, partamos agora para os exercícios rítmicos de respiração profunda.

Exercício 2: Temas – Pessoal/Profissional/Científico.

Agora que você já domina a respiração diafragmática, feche os olhos e comece a respirar lenta e profundamente, pelo nariz.

Durante seis minutos, você, na qualidade de um terceiro observador, pensará sobre três temas, dois minutos para cada um.

A qualidade de terceiro observador significa que você deve olhar para os três temas de sua vida, sem envolver-se emocionalmente, sem críticas e sem julgamentos. Somente observe-se como se fora um terceiro.

Os temas são os seguintes:

a) **Pessoal:** coloque-se como um terceiro observador e reflita em como vai a sua vida, suas relações, prazeres, deveres etc. Mas não se envolva emocionalmente com o quadro. Somente se atenha a ser um observador.

b) **Profissional:** reflita sobre a sua vida profissional, o seu estágio, você como advogado (a) em um grande escritório. Mentalize as suas aspirações, imagine-se no lugar que almeja, realizando todas as tarefas inerentes à sua posição.

c) **Científico:** pense sobre um tema científico, uma matéria qualquer do Direito. Imagine o assunto, os tópicos a serem abordados dentro do tema, controvérsias, tudo o que você puder se lembrar.

Exercício 3: Contagem regressiva.

O exercício da contagem regressiva é extremamente simples. Você vai iniciar uma contagem regressiva, partindo de no mínimo 100. E começará: "100, 99, 98...". Preste bastante atenção para não pular nenhum número. Após, vá aumentando o primeiro número às centenas.

Exercício 4: Cálculos mentais.

Neste exercício, você vai começar a realizar contas simples, mentalmente, contas de subtração, adição, multiplicação e divisão. Simples, mas suficientes para que o seu cérebro trabalhe de modo a ganhar maior oxigenação nessa área.

Determinado paciente foi monitorado por especialistas enquanto realizava cálculos mentais e ficou comprovado que o seu cérebro era irrigado com mais intensidade durante essa atividade.

Não se descuide da respiração profunda e compassada e comece a realizar cálculos, como por exemplo: 7+3=10, 10x8=80, 80-12=68 etc.

Exercício 5: Oscilação do papel.

Tome uma folha de papel entre os seus dedos, indicador e polegar. Comece a respirar de forma lenta e profunda e mire a sua atenção na oscilação do papel. Não mexa os dedos ou a mão, não tente evitar que o papel oscile, somente preste atenção atentamente. Não se descuide da respiração. Faça esse exercício por cerca de 3 minutos e pare.

Você poderá observar que em todos os exercícios você teve que se esforçar para manter a sua atenção em determinada atividade e que provavelmente, nos últimos meses, você não se lembre da última vez que tentou dispensar a sua atenção para um único objeto por tanto tempo.

Eis o segredo do desenvolvimento da arte da atenção, o exercício contínuo. Portanto, pratique muito, pratique sempre!

3. CONCENTRAÇÃO.

Nos seminários e cursos do ITC, os participantes reclamam demais de problemas de concentração, mais precisamente da falta dela.

Porém, ao serem questionados sobre o que é concentrar-se, nenhum deles sabe responder à indagação. Dessa forma, como o aluno vai conseguir se concentrar se ele nem sabe o que quer fazer?

Em seu sentido semântico, concentrar significa: **1** reunir (-se) em um mesmo centro ou ponto; **2** fazer convergir; **3** tornar mais denso, mais forte ou mais ativo pela diminuição do volume; tornar menos diluído ou difuso; condensar; **4** aplicar a atenção a algum assunto; meditar profundamente (Michaelis, Moderno Dicionário da Língua Portuguesa).

Muito bem, conforme se verifica, a ideia principal de concentrar é reunir, fazer convergir, tornar mais forte. A pergunta que deve ser feita por você é: o quê? Faz reunir o quê? Juntar o quê?

E para respondermos a essa pergunta, é importante que você tenha a seguinte noção: nós temos cerca de 7 (sete) pontos de atenção, que funcionam concomitantemente. Repare, você está lendo esse livro, mas sente as suas mãos no livro, ouve o barulho lá de fora, sente a temperatura do ambiente, alguém falando ao seu redor etc.

Quanto começamos a dirigir um automóvel, a dispersão desses focos de atenção fica bastante nítida. Lembremos: temos que passar a marcha; pisar na embreagem e soltá-la devagar; pisar no acelerador, para que o carro saia do lugar; temos que olhar para a marcha para ver se a estamos passando corretamente; olhar para os três retrovisores para monitorarmos os outros veículos; devemos ver se estamos utilizando corretamente os pedais do carro; também não podemos tirar a atenção da frente do carro etc.

Reparou quantos focos de atenção são dispensados simultaneamente para que possamos dirigir? Depois de algum tempo, com o tempo e a experiência, descobrimos que o foco principal, no ato de dirigir, reside na frente do veículo e, por conta da chamada memória procedural, você acaba automatizando as demais tarefas inerentes à direção.

Quando falamos em concentração, a tarefa é reunirmos, juntarmos, todos os sete focos de atenção em um local somente. No seu caso, no material a ser estudado, ou na prova a ser realizada. O que ocorre é que um foco de atenção fica bastante forte, enfraquecendo os demais. Daí o ato de "focar" nos estudos. Manter o foco é manter vivo somente um foco de atenção, na atividade a ser desempenhada.

Agora que você já sabe qual é o objetivo no ato da concentração, podemos alertar você de que o estudo com aparelhos eletro-eletrônicos não é indicado, pois você acaba mantendo mais de um foco de atenção, o que resulta em uma divisão do seu foco principal de atenção com o foco da música, televisão ou Internet.

Mesmo sabendo de estudos que comprovam que a música clássica, em especial a barroca, ajuda o indivíduo a atingir o estado alfa de concentração, insistimos no sentido do estudo sem qualquer aparelho ligado.

Então, passaremos dois exercícios de concentração que são excelentes: A Técnica da Tangerina e a Técnica da Bola de Cristal

1. Técnica da Tangerina.

A técnica da tangerina fornecida por Paul Scheele é um método simples e eficaz de concentração, de modo a alcançar o estado de relaxamento em alerta em poucos minutos, que consiste no seguinte:

Mantenha suas pernas paralelas bem plantadas no chão, coluna ereta e respiração profunda. Feche os olhos e imagine uma tangerina: seu peso, sua cor, sua textura, seu cheiro e todos os demais detalhes que você possa perceber.

Passe e repasse a tangerina de uma mão para a outra, sempre sentindo seu peso e textura.

Depois, com a sua mão dominante (a esquerda, se canhoto ou a direita, se destro), leve a tangerina, levemente, ao topo traseiro de sua cabeça, tocando nesta área e nela repousando.

Baixe a mão lentamente, descansando em pernas ambas espalmadas para cima. Relaxe os ombros. Finja que se trata de uma tangerina mágica, que vai continuar no topo da sua cabeça. Imagine-a bailando sob sua cabeça. Isso fará com que haja um aumento em seu campo de visão. Mantenha-se nesse estado, abra os olhos e comece a ler.

Interrompa a leitura e realize o exercício proposto, antes de passar para o próximo parágrafo. Você notará a tremenda diferença em seu estado mental.

E aí, como foi? Sente-se mais relaxado? Você verá como sua leitura melhorará daqui para frente.

Se você tiver dificuldade em realizar esse exercício, você pode substituir a tangerina por um sombreiro (aquele chapéu tipicamente mexicano). Você imagina um chapéu na cabeça, ao invés de uma tangerina e de repente vem um corvo ou uma pomba branca e pousa bem na ponta do chapéu. Fixe seu foco no pássaro.

2. Exercício da Bola de Cristal.

Esse exercício, fornecido pelo professor Carlos H. B. Gomes é semelhante ao da tangerina e tem um poder bastante grande também, a lhe permitir um raciocínio mais claro e consciente para as atividades intelectuais diárias. Vejamos como ele é realizado:

Sente-se confortavelmente, pés um pouco separados, e relaxe. Se usar óculos, tire-os e feche os olhos.

Imagine-se segurando uma bola de cristal mágica com ambas as mãos. Observe-a mentalmente. Passe de uma mão para outra, sentindo-a. Movimente realmente as mãos, simulando a transferência da bola, pois a mente não distingue o real do imaginário, dentro do seu universo. Agora, segure-a com a sua mão dominante (destro, com a mão direita e canhoto com a esquerda).

Concentre o seu olhar interior no centro dessa bola e, mentalmente, ordene devagar que a bola brilhe, usando a "palavra mágica": BRILHE!, BRILHE!, BRILHE! Dito isto, ela começa a brilhar intensamente, em uma cor branca ou violeta (pois é a cor do Chakra coronário). Levante-a lentamente sobre a cabeça e toque com ela na parte posterior, na **"coroa" da cabeça**, erguendo-a um pouco, a uma distância de 10 cm, aproximadamente (é importante tocar levemente na cabeça com a própria mão, imaginando que está tocando com a bola). Solte a bola, deixando-a suspensa e brilhando, como um pequeno sol, irradiando energia para aquela parte da cabeça, onde você tocou. Baixe a mão lentamente, descansando-a sobre a perna.

Esboce um pequeno sorriso com os cantos da boca e mantenha uma atitude relaxada e ativa.

CONSERVE A SENSAÇÃO DA BOLA BRILHANDO SOBRE A PARTE POSTERIOR DA SUA CABEÇA, ATÉ TERMINAR O EXERCÍCIO.

Ao terminar o processo de visualização, respire lenta e profundamente e saia calmamente do estado de relaxamento. A bola some. Repita algumas vezes, em outras ocasiões, até sentir que as imagens surgem automaticamente, sem esforço.

Temos certeza que, com a prática e a utilização contínua dessas técnicas, você não terá mais problemas com possíveis distrações.

Devidamente relaxado, com a atenção aguçada e a concentração em seu grau máximo, você acabou de alcançar o estado ideal para a realização de qualquer atividade intelectual, seja o estudo em si, seja a realização da prova da OAB. Você será capaz de observar as questões com muito mais maturidade e descobrirá eventuais armadilhas que a prova possa apresentar.

Rua Alexandre Moura, 51
24210-200 – Gragoatá – Niterói – RJ
Telefax: (21) 2621-7007
www.impetus.com.br

Esta obra foi impressa em papel offset 75 grs./m^2